PIPELINE ZUM LEBEN
Ein Unternehmer entdeckt die Bergpredigt

www.fontis-verlag.com

HERMANN BUTTING

mit Illustrationen von Marianne Schütze

PIPELINE ZUM LEBEN
Ein Unternehmer entdeckt die Bergpredigt

1 „Himmlische Währung"

Meiner Familie in Liebe und Dankbarkeit

Bibliografische Information der Deutschen Nationalbibliothek
Die Deutsche Nationalbibliothek verzeichnet diese Publikation in der Deutschen Nationalbibliografie; detaillierte bibliografische Daten sind im Internet über www.dnb.de abrufbar.

© 2020 by Fontis-Verlag Basel

Die Bibelstellen wurden, soweit nicht anders angegeben, folgender Übersetzung entnommen:

Elberfelder Bibel. Revidierte Ausgabe 2004.
R. Brockhaus Verlag Wuppertal

Umschlaggestaltung: Marianne Schütze & René Graf
Illustrationen im Innenteil: Marianne Schütze
Satz: Roland Senkel
Lektorat: Siglinde Rüppel
Druck: Finidr
Gedruckt in der Tschechischen Republik

ISBN 978-3-03848-190-4

Inhaltsverzeichnis

Vorwort   15

Management Summary „Vom Schätzesammeln"   18

Einführung   23
    Herangehensweise
    Struktur der einzelnen Kapitel

Mandat und Motivation   27
    Einleitung des Verfassers Matthäus
    Beginn der Rede Jesu: Die „Management Summary"
    Mandat und Motivation der Jünger

I   Vertrauen und Erleben   33
    Glücklich die Armen im Geist, denn ihrer ist das Reich Gottes
    mit Erfahrungsberichten von Ursula Weiffenbach
    (Gott handelt – auch im Verborgenen) und Niklas Stumpp (Wunder)

II   Selbsterkenntnis und Wertschätzung   55
    Glücklich die Trauernden, denn sie werden getröstet werden
    mit Erfahrungsberichten von Susanne Kunschert (Tägliche Reflexion)
    und Marianne Schütze (Ermutigung zur Veränderung)

III   Sehnsucht und Gemeinschaft   73
    Glücklich, die nach Gerechtigkeit hungern und dürsten,
    denn sie werden gesättigt werden
    mit Erfahrungsberichten von Niklas Stumpp (Gottes Nähe)
    und Joachim Loh (Sponsoring)

IV   Lebensausrichtung und Lebensfreude   97
    Glücklich, die reinen Herzens sind, denn sie werden Gott schauen
    mit Erfahrungsberichten von Dr. Hans Martin Weiffenbach (Seid nicht besorgt)
    und Dr. Holger Klose (Dient einander)

V   Vergebung Zug um Zug   127
    Glücklich die Barmherzigen, denn ihnen wird Barmherzigkeit widerfahren
    mit Erfahrungsberichten von Ursula Weiffenbach (Kleine Taten der Liebe)
    und Joachim Loh (Überwinden)

VI Treue und Nachhaltigkeit 139
    Glücklich die Sanftmütigen, denn sie werden das Land erben
    mit einem Erfahrungsbericht von Dr. Ulrich Albrecht-Früh (Sanft-Mut)

VII Großzügigkeit und Auszeichnung 157
    Glücklich die Friedensstifter, denn sie werden Söhne Gottes heißen
    mit Erfahrungsberichten von Dr. Hans Martin Weiffenbach
    (Bessere Verhandlungsposition)
    und Joachim Loh (Im Wettbewerb)

Die Nachfolger Jesu 171
    Glücklich die um Gerechtigkeit willen Verfolgten,
    denn ihrer ist das Reich der Himmel

Weisungen und Warnungen 175
    Schlussteil der Rede Jesu
    Abschlussverse des Verfassers Matthäus

Die Vision Jesu 189
    Das Vaterunser
    Die Vision Jesu für dein Leben

Anhang 195
    Die Rede Jesu auf dem Berg (Matthäus 5-7)
    Zuordnung der Texte der Bergpredigt zu den Kapiteln
    Glossar
    Informationen zu den Autoren

2 „Geheimnis"

Vorwort

„Glücklich die …" So beginnt Jesus seine berühmte Rede auf dem Berg.

Für mich war die sogenannte Bergpredigt immer eine Art „Geheimnis". Mir schien der Anspruch, den Jesus dort an seine Nachfolger stellt, so hoch zu sein, dass niemand diesen Text tatsächlich umsetzen kann. Was soll frau oder man mit einem Text, der letztlich unrealistisch und somit „lebensfern" ist!? So habe ich viele Jahre „einen Bogen um die Bergpredigt gemacht".

Doch wie ich Jesus und seine Worte im Laufe meines Christenlebens kennengelernt habe, konnte ich mich nicht damit abfinden, dass Jesus, genialer Lehrer, Redner und vorbildliche Führungskraft, eine Rede hält, die unverständlich und deren Inhalt lebensfern sein soll. Und so habe ich mich vor ein paar Jahren hingesetzt und angefangen, die Bergpredigt genauer unter die Lupe zu nehmen.

Als ich mit meinen Aufzeichnungen begann, habe ich ausschließlich für mich selbst geschrieben und mich so über Jahre sehr intensiv mit der Bergpredigt beschäftigt. Meine Entdeckungen haben mich begeistert. Ich habe in der Bergpredigt einen Schatz gefunden, den ich teilen möchte.

Bei Rücksprache mit Theologen wurde mir der Eindruck gespiegelt, einen neuen Ansatz zum Verständnis der Bergpredigt gefunden zu haben. So entstand die Idee zu diesem Buch.

Wenn schon ein Buch, wollte ich nicht nur eine theoretische Abhandlung schreiben, sondern es auch praktisch werden lassen. So kam mir die Idee, zu den einzelnen Seligpreisungen ganz persönlich zu erzählen, was diese Aussagen Jesu für mich bedeuten, auch in meinem Berufsalltag. Denn ich genieße die Nachfolge Jesu. Insofern möchte ich mit diesem Buch auch einladen, sich auf den Weg der Nachfolge zu machen.

Dann kam mir der Gedanke, auch andere Unternehmer zu fragen, ob sie bereit wären, zu dem einen oder anderen Thema der Bergpredigt Einblicke in ihr Leben und in die Umsetzung ihres Glaubens in ihrem Berufsalltag zu geben. Ihre Erfahrungsberichte habe ich gerne mit aufgenommen. Die Inhalte stehen natürlich nur für ihre persönliche Lebenspraxis und ihre Glaubensüberzeugungen.

3 „Schätze teilen"

Ich bin leidenschaftlicher Unternehmer, und das in siebter Generation, kein Theologe. Seit Luther kann jeder die Bibel lesen. Die Spannung zwischen den „zwei Welten" fasziniert mich. Ich möchte ermutigen, die Business-Welt und die Welt der Spiritualität und des Glaubens miteinander in Einklang zu bringen. Ich habe die Bergpredigt mit meiner Unternehmer-Brille gelesen. Als *gläubiger* Unternehmer, das werden Sie beim Lesen allerdings feststellen.

Bei der Auseinandersetzung mit der Bergpredigt haben sich für mich sehr grundlegende Fragestellungen aufgetan:

Wir reden heute viel über Nachhaltigkeit: Was von dem, was ich tue, wird einmal Bestand haben? Darf ich „Schätze in dieser Welt sammeln", oder hat Gott etwas dagegen? Kann man auch „Schätze im Himmel sammeln"? Und wenn ja, wie geht das?

Glücklich sein! Wer sehnt sich nicht nach Lebensglück und Lebensfreude!? Was bedeutet „glücklich sein" tatsächlich? Kann es eine „Gebrauchsanweisung" zum Glücklichsein geben? Kann ich überhaupt glücklich sein, wenn ich doch wütend oder traurig bin, leide, krank bin oder in einer Krise stecke? Jesus beginnt die Bergpredigt mit „Glücklich die ...". Wie ist das gemeint?

Dies ist keine literaturwissenschaftliche Arbeit. Ich habe bewusst keine Literaturrecherche zur Bergpredigt unternommen. Ich wollte selber nachdenken, meditieren, beten, „durchkauen" und wieder und wieder Matthäus 5 bis 7 lesen, lesen und lesen. Meine Elberfelder „Jubiläumsbibel" aus dem Jahr 2004 mit Erklärungen hat mich dabei auf andere Parallel-Bibelstellen aufmerksam gemacht. Ich schreibe über meinen persönlichen Glauben und wie ich die Bibel verstehe und vertrete meine Ansicht mit Begeisterung und Überzeugung. Sicherlich wird es Aussagen geben, wo Sie anderer Auffassung sind. Das ist gut so. So ist mein Verständnis von Toleranz: Sich gegenseitig zuhören und gegebenenfalls voneinander lernen.

Sie erreichen mich unter schaetze.teilen@butting.de.

Hermann Butting

Management Summary „Vom Schätzesammeln"

„Glücklich die ..."
Mit seiner Rede auf dem Berg hat Jesus seiner Nachwelt eine sehr kompakte Wegbeschreibung für seine Nachfolge hinterlassen. Modern formuliert: ein Leitbild für das Unternehmen Nachfolge, ergänzt um ein paar wertvolle Ratschläge. Seine Rede startet mit einer Management Summary und enthält sogar ein Vision Statement. Sie reicht von der Formulierung des Mandats für seine Nachfolger bis hin zu den möglichen „Kosten". Aber vor allem macht sie klar: „Ihr werdet glücklich sein!" Dieses Glück kenne ich aus persönlicher Erfahrung. Es ist eine innere Freude. Freude an der Gemeinschaft mit Gott, Dankbarkeit für alles, was er uns geschenkt hat, und Begeisterung dafür, sein Wirken zu erleben. Dazu möchte dieses Buch einladen!

Die Wegbeschreibung im Überblick:

I Vertrauen und Erleben

4 „Vertrauen und Erleben"

Glücklich die Armen im Geist, denn ihrer ist das Reich Gottes.

Wenn du es schaffst, Gott und der Bibel dein Vertrauen zu schenken, gehst du wie durch eine geheime Tür in ein unbekanntes Land und erlebst Gott und sein Wirken – wundervoll!

II Selbsterkenntnis und Wertschätzung

5 „Selbsterkenntnis und Wertschätzung"

Glücklich die Trauernden, denn sie werden getröstet werden.

Jesus ermutigt dich, aufrichtig mit dir zu sein, um dich selbst zu erkennen und traurig darüber zu werden. Dann kann Jesus dich trösten und als seinen Botschafter beauftragen. Er möchte, so wie du bist, mit dir zusammenarbeiten. Was für eine Wertschätzung!

III Sehnsucht und Gemeinschaft

6 „Sehnsucht und Gemeinschaft"

Glücklich, die nach Gerechtigkeit hungern und dürsten,
denn sie werden gesättigt werden.

Die meisten Menschen haben tief in ihren Herzen eine Sehnsucht nach Gott, nach Geborgenheit und Liebe, nach Rechtsein vor Gott. Jesus verspricht, diese Sehnsucht in der Gemeinschaft mit ihm zu stillen. Du brauchst nur das Geschenk der (Ge-)Rechtsprechung durch seine Person anzunehmen.

IV Lebensausrichtung und Lebensfreude

₇ „Lebensausrichtung und Lebensfreude"

Glücklich, die reinen Herzens sind, denn sie werden Gott schauen.

Wenn du Gottes leidenschaftlicher Liebe antwortest, in seiner Liebe verwurzelt bist und deshalb in Gemeinschaft mit Jesus lebst und seinen Willen als Prio 1 setzt, wirst du ihn immer besser kennenlernen und tiefe Lebensfreude empfinden.

V Vergebung Zug um Zug

₈ „Vergebung Zug um Zug"

Glücklich die Barmherzigen, denn ihnen wird Barmherzigkeit widerfahren.

Gott ist der Einzige, der dich gerecht beurteilen kann. Er vergibt dir deine Schuld und Unzulänglichkeit durch Jesu Tod am Kreuz, ja, er hat dir bereits vergeben. Diese Vergebung wird für dich aber erst dann wirksam, wenn du gegenüber deinen Mitmenschen gnädig und vergebend handelst.

VI Treue und Nachhaltigkeit

9 „Treue und Nachhaltigkeit"

Glücklich die Sanftmütigen, denn sie werden das Land erben.

Wenn du es auch bei Anfeindung durch andere schaffst, nicht mit gleichen Mitteln zu antworten, sondern treu nach Jesu Werten handelst, verspricht Jesus, den Segen der Nachhaltigkeit auf dein Tun zu legen.

VII Großzügigkeit und Auszeichnung

10 „Großzügigkeit und Auszeichnung"

Glücklich die Friedensstifter, denn sie werden Söhne Gottes heißen.

Je ähnlicher du Jesus auf deinem Weg mit ihm wirst, umso großzügiger und selbstloser wirst du in deinem Denken, Fühlen und Handeln. Und umso mehr Frieden und Freude wirst du in deinem Umfeld verbreiten. Ein ausgezeichnetes Leben!

Einführung

Herangehensweise

Beim Lesen und anschließenden Auslegen der Bergpredigt bin ich von folgender These ausgegangen:

Jesus ist ein guter Lehrer und Redner. So wichtige Aussagen wie die „Seligpreisungen" zu Beginn seiner Rede würde er nur dann treffen, wenn er sie im Anschluss auch erklärt. Er würde sie nicht einfach im Raum stehen lassen und anderen die Deutungshoheit überlassen.

Ich bin davon überzeugt, er hätte es selbst dann nicht getan, wenn er zu Beginn seiner Rede nur einen „Aufmerksamkeits-Schocker" bringen wollte, wie viele gute Redner das tun.

Ich verstehe die Seligpreisungen „Glücklich die ..." als eine Art „Management Summary".

So habe ich begonnen, unter diesem Blickwinkel die Bergpredigt zu lesen, und bin im Text der Rede auf die Suche nach den Erklärungen der Seligpreisungen gegangen.

Dabei konnte ich feststellen, dass die gesamte Rede mehr oder weniger nach den Aussagen der Seligpreisungen „strukturiert" ist. Das heißt, dass Jesus in seiner Rede die Seligpreisungen Abschnitt für Abschnitt erklärt.

Mit den jeweiligen Erklärungen Jesu, also den entsprechenden Textabschnitten aus der Rede, habe ich dann versucht, die einzelnen Seligpreisungen zu verstehen und „auszulegen".

Vielleicht wirst du an der einen oder anderen Stelle zunächst denken, diese Herangehensweise an den Text sei „weit hergeholt". Doch dieses Buch ist eine Einladung, sich auf diese Betrachtungsweise einzulassen. Ich möchte dir anregende Impulse mitgeben, und wir werden dich mit unseren persönlichen Erfahrungsberichten zu den einzelnen Themen hoffentlich ermutigen. Wenn die Gefahr besteht, dass du dich aufgrund dieser Herangehensweise ärgerst, dann lies das Buch bitte nicht weiter. Das Leben ist dafür zu kurz.

Die naheliegenden oder besser die sonst „üblichen" und dir vielleicht geläufigen Interpretationen der Seligpreisungen habe ich in der Regel nicht weiter aufgegriffen – oder dann nur „gestreift"! Das heißt nicht, dass diese anderen Interpretationen falsch sind, denn sie lassen sich sicher mit anderen Texten des Alten und Neuen Testaments herleiten. Ich bin aufgrund meiner These anders herangegangen und persönlich der Überzeugung, dass die Aussagen Jesu, insbesondere die Seligpreisungen, an dieser Stelle so zu verstehen sind, wie ich sie im Folgenden erläutere.

Struktur der einzelnen Kapitel

Bei den sieben Hauptkapiteln I. bis VII. über die Seligpreisungen habe ich mich um folgende Struktur bemüht:

11 „Struktur der einzelnen Kapitel"

Das Kapitel startet mit einer kompakten Zusammenfassung sowie einem eingerahmten Bibelvers, der die **Kernbotschaft** des Kapitels zum Ausdruck bringt. Du sollst in wenigen Sätzen erfahren, worum es in dem Kapitel geht.

 Hieran schließt sich eine **Einführung** in das Thema des Kapitels an.

Danach folgt der jeweilige Textabschnitt aus der Rede Jesu **in blauer Schriftfarbe.** Texte aus der Bergpredigt sind im weiteren Verlauf der Ausführungen immer nur mit Nummern versehen, zum Beispiel 5,16 für Matthäus, Kapitel 5, Vers 16.

Dieser Textabschnitt der Bergpredigt wird dann mit der **Lesebrille** der entsprechenden Seligpreisung ausgelegt, die er ja erklären soll. Der Textabschnitt und die Seligpreisungen stehen also in einer Wechselwirkung. Der Text erklärt die Seligpreisung – die Seligpreisung zeigt uns die Intention des Redeabschnitts. Danach folgen noch weitere Erklärungen zu der jeweiligen Seligpreisung.

Zitierte Bibelstellen aus anderen Kapiteln oder Büchern der Bibel sind in **grauer Schriftfarbe** wiedergegeben.

Anschließend folgen **persönliche Erfahrungsberichte**. In meinen persönlichen Berichten beschreibe ich, was das in dem Kapitel Besprochene für mich bedeutet oder wo es in meinem Alltag relevant ist. In jedem Hauptkapitel findest du mindestens auch noch einen Erfahrungsbericht eines anderen Unternehmers. Auch sie möchten dir ihre eigenen Erfahrungen mit den Seligpreisungen oder anderen Aussagen Jesu aus der Bergpredigt anhand von konkreten Beispielen weitergeben. Jeder Erfahrungsbericht hat jeweils eigene, zu dem Kapitel passende Schwerpunkte.

Die **Aspekte**, die für Unternehmer oder in der **Wirtschaft** Aktive interessant sein könnten, sind durch ein Icon (Symbol) besonders hervorgehoben.

Und auch bei grundsätzlich sehr ernsten Themen darf gelacht und über sich selbst geschmunzelt werden ☺!

Je nachdem, wie gut du die Bibel schon kennst, könnte es für das Gesamtverständnis des Buches hilfreich für dich sein, die sogenannte „Bergpredigt" nach dem Evangelium des Matthäus, Kapitel 5 bis 7, vorab komplett durchzulesen. Du findest die Rede Jesu auf dem Berg im Anhang des Buches nach der Übersetzung der Elberfelder Bibel vollständig abgedruckt.

Zu Gunsten einer unkomplizierten Schreib- und Leseweise haben wir auf die Ausdrucksweise in weiblicher und männlicher Form jeweils verzichtet.

Mandat und Motivation

Einführung des Verfassers Matthäus

1 Als er aber die Volksmengen sah, stieg er auf den Berg; und als er sich gesetzt hatte, traten seine Jünger zu ihm.
2 Und er tat seinen Mund auf, lehrte sie und sprach:
(Matthäus 5,1-2)

Matthäus erläutert hier in kurzen knappen Worten, dass Jesus im Folgenden eine Rede an seine Jünger hält (5,13-14: „Ihr seid ..."). Wir würden das heute eine Schulung nennen oder in theologischen Kreisen vielleicht eine Lehrpredigt. Die Zielgruppe seiner Schulung sind jedenfalls seine Schüler, die ich aber im weiteren Verlauf des Buches weiterhin Jünger nennen werde, denn ein Jünger ist für mich mehr als ein Schüler. Ein Jünger nimmt seinen Lehrer als Vorbild (Meister) und möchte ganzheitlich von ihm lernen, in allen Lebenslagen und -bereichen. Eine solche Beziehung setze ich zwischen Jesus und seinen Jüngern voraus. Ich stelle mir vor, dass früher im Handwerk der Lehrling im besten Falle ein ähnliches Verhältnis zu seinem Meister gehabt hat. Heute nennen wir solche Lehrer-Schüler-Verhältnisse manchmal Mentor und Mentee.

Dennoch hält Jesus diese Rede im Angesicht einer Volksmenge, die zumindest teilweise zuhören konnte (7,28: „Und es geschah, als Jesus diese Worte vollendet hatte, da erstaunten die Volksmengen sehr über seine Lehre ...").

Beginn der Rede Jesu: Die „Management Summary"

3 Glücklich[1] die Armen im Geist, denn ihrer ist das Reich der Himmel.
4 Glücklich die Trauernden, denn sie werden getröstet werden.
5 Glücklich die Sanftmütigen, denn sie werden das Land erben.
6 Glücklich, die nach Gerechtigkeit hungern und dürsten,
denn sie werden gesättigt werden.
7 Glücklich die Barmherzigen,
denn ihnen wird Barmherzigkeit widerfahren.
8 Glücklich, die reinen Herzens sind, denn sie werden Gott schauen.
9 Glücklich die Friedensstifter, denn sie werden Söhne Gottes heißen.

10 Glücklich die um der Gerechtigkeit willen Verfolgten,
   denn ihrer ist das Reich der Himmel.
11 Glücklich seid ihr, wenn sie euch schmähen und verfolgen und alles
   Böse lügnerisch gegen euch reden werden um meinetwillen.
12 Freut euch und jubelt, denn euer Lohn ist groß in den Himmeln;
   denn ebenso haben sie die Propheten verfolgt, die vor euch waren.
   (Matthäus 5,3-12)

Mit diesem Abschnitt, den sogenannten „Seligpreisungen", startet Jesus seine Rede auf dem Berg. Wie eingangs erläutert gehe ich davon aus, dass es sich um eine Zusammenfassung im Sinne einer modernen „Management Summary" handelt. Ich empfinde die Sätze auch als eine Art „Wachmacher", denn sie erregen meine Aufmerksamkeit. Sie erregen vor allem deshalb Aufmerksamkeit, weil sie in ihrer Aussage für unser Denken unlogisch sind. Wir empfinden sie teilweise als widersprüchlich. Deshalb möchten wir im Folgenden aufmerksam zuhören, um diesen Widerspruch gegebenenfalls auflösen zu können. Und tatsächlich löst Jesus diesen Widerspruch im Laufe seiner Rede größtenteils auf.

Die Art der komprimierten Ausdrucksform der Seligpreisungen war den Zuhörern bekannt, zum Beispiel aus den Psalmen.

2 Glücklich sind, die seine Zeugnisse bewahren, die IHN von ganzem
  Herzen suchen.
  (Psalm 119,2)

Mandat und Motivation der Jünger

Bevor Jesus mit seiner eigentlichen Schulung beginnt, ist es ihm wichtig, seinen Jüngern noch einmal ihre Identität und ihren Status zu erklären, quasi als Voraussetzung für den weiteren Inhalt der Schulung. Für jede Person, die eine neue Aufgabe oder eine neue Unternehmung beginnt, ist wichtig zu wissen:

- Was sind Sinn und Zweck meiner Mission?
- Welche Funktion habe ich?
- Was ist exakt meine Aufgabe?
- Habe ich die notwendigen Fähigkeiten?
- In wessen Auftrag und Autorität – Mandat – darf ich handeln?

Diese Klarheit ist wichtig für das eigene Selbstverständnis, das spätere Handeln und die Motivation der Jünger.

> 13 Ihr seid das Salz der Erde; wenn aber das Salz fade geworden ist, womit soll es gesalzen werden? Es taugt zu nichts mehr, als hinausgeworfen und von den Menschen zertreten zu werden.
> 14 Ihr seid das Licht der Welt; eine Stadt, die oben auf einem Berg liegt, kann nicht verborgen sein.
> 15 Man zündet auch nicht eine Lampe an und setzt sie unter den Scheffel, sondern auf das Lampengestell, und sie leuchtet allen, die im Hause sind.
> 16 So soll euer Licht leuchten vor den Menschen, damit sie eure guten Werke sehen und euren Vater, der in den Himmeln ist, verherrlichen.
> (Matthäus 5,13-16)

Jesus sagt von sich:

> 12 Ich bin das Licht der Welt.
> (Johannes 8,12)

In den Versen in Johannes 8,12 und folgenden geht es um die Identität Jesu. Mit seinen Werken (Johannes 9,6-7) bezeugt er seine Identität.

Jesus hat seinen Jüngern perfekt vorgelebt, was es heißt, in dem vollen Bewusstsein seiner Identität und Berufung zu leben. Er war ganz Mensch, er war sich jedoch Gottes Annahme und Liebe, seiner Bevollmächtigung und seines Auftrags 100-prozentig sicher. Nun sagt er seinen Jüngern: „**Ihr** seid das Licht der Welt." Mit dieser Aussage macht Jesus mit anderen Worten deutlich:

> 21 Gleichwie der Vater mich ausgesandt hat, sende ich auch euch.
> (Johannes 20,21)

Jesus stellt das Mandat und den Auftrag der Jünger klar. Er hätte auch formulieren können: „Ihr seid meine Botschafter! Ihr seid von mir befähigt und beauftragt, ihr handelt in meiner Autorität und mit meinem Mandat. Euer Ziel ist nicht, gut dazustehen, sondern durch eure guten Taten und eure Liebe zu den Menschen diesen so zu begegnen und zu dienen, dass sie Gott danken und ihn verherrlichen!"

Salz desinfiziert und bringt Heilung; Licht ist Voraussetzung für Leben, Wachstum und Wohlbefinden. Jesus beauftragt seine Jünger, seine Botschafter zu sein, die Welt zu verändern und sein Reich zu bauen; zum Wohle der Menschen und zur Ehre Gottes.

Die Jünger haben alles, was sie für ihren Auftrag brauchen, bereits in sich. Dem ist nichts hinzuzufügen. Es heißt nicht: „Wenn aber das Salz fade geworden ist, womit soll gesalzen werden?", sondern „Womit soll es gesalzen werden?"! Das Salz ist entweder vollkommenes Salz, oder es ist kein Salz. Ist es kein Salz, kann es auch nicht „nachgesalzen" oder aufgebessert werden. Es wird weggeworfen und zertreten. Entweder die Jünger sind Nachfolger Jesu und seine Botschafter, oder sie sind es nicht. Wenn sie es sind, sind sie durch Jesus für diese Aufgabe „ausgestattet".

8 Aber ihr werdet Kraft empfangen, wenn der Heilige Geist auf euch gekommen ist; und ihr werdet meine Zeugen sein ...
(Apostelgeschichte 1,8)

12 „Kennzeichen der neuen Identität"

Jesu Nachfolger haben eine neue Identität, und was für eine! (Siehe Epheser 1, die Verse 3, 11 und 13; Johannes 15,15!) Denn Jesus selbst wohnt in ihnen.

23 Wenn jemand mich liebt, so wird er mein Wort halten, und mein Vater wird ihn lieben, und wir werden zu ihm kommen und Wohnung bei ihm machen.
(Johannes 14,23)

An den Stellen, die uns in den Evangelien berichtet sind, wo Jesus seine Jünger aussendet, wird beispielhaft diese Befähigung und Vollmacht der Jünger Jesu deutlich (siehe Markus 6,7-13; Lukas 10,1-24).

Dennoch soll nicht ihr Licht leuchten, sondern Jesu Licht durch die Jünger. Die Jünger oder wir heute müssen keine „großen Leuchten sein", keine Superfrauen oder Supermänner. Wir müssen mit Jesus verbunden bleiben, wie er es mit dem Vater im Himmel gewesen ist.

4   Bleibt in mir und ich in euch! Wie die Rebe nicht von sich selbst Frucht bringen kann, sie bleibe denn am Weinstock, so auch ihr nicht, ihr bleibt denn in mir.
(Johannes 15,4)

Die Klarheit über Identität und Mandat sind Grundlage und Voraussetzung, das zu verstehen und richtig aufnehmen zu können, was folgt. Deshalb war es Jesus wichtig, diese deutliche Aussage seiner Schulung voranzustellen.

In seiner Rede beginnt Jesus daran anschließend mit den Erklärungen zu den einzelnen Seligpreisungen.

I Vertrauen und Erleben

4 „Vertrauen und Erleben"

Glücklich die Armen im Geist, denn ihrer ist das Reich Gottes.

Wenn du es schaffst, Gott und der Bibel dein Vertrauen zu schenken, gehst du wie durch eine geheime Tür in ein unbekanntes Land und erlebst Gott und sein Wirken – wundervoll!

> „Wahrlich, ich sage euch, wenn ihr nicht umkehrt und werdet wie die Kinder, so werdet ihr keinesfalls in das Reich der Himmel hineinkommen." (Matthäus 18,3)

Die Einflussreichen und Intellektuellen haben in unserer Gesellschaft die Deutungshoheit. Sie nutzen ihr Wissen und ihren Einfluss, zum Beispiel auf die Medien, die Wissenschaften oder die Politik, um ihren Überzeugungen und ihren Ideen für die Gestaltung unserer Gesellschaft Raum zu geben, aber auch für ihre persönlichen Strategien und Vorteile. Dementsprechend beeinflussen und lenken sie ihre Mitbürger oder die Menschen in ihrem unmittelbaren Einflussbereich. Das begegnet uns täglich und ist für uns alle das menschlich Normale.

Auch ich gehöre als Unternehmer zu dieser Personengruppe. Jesus warnt diese Menschen davor, verantwortungslos mit ihrer Macht umzugehen.

In der Geschichte (und sicher auch heute noch) haben einflussreiche Personen Gottes Wort für ihre Zwecke benutzt und entsprechend verkürzt wiedergegeben, interpretiert oder missbraucht. In diesen „Missbrauchsfällen" geht es in Wahrheit nicht mehr um den Glauben an Gott, sondern um Macht.

Jesus hatte in diesem Sinne die einflussreichen religiösen Führer seiner Zeit, die Schriftgelehrten und Pharisäer vor Augen.

Das Gegenteil der Einflussreichen sind „die Armen im Geist". Sie glauben, was man ihnen sagt, und deuten nicht um. Sie glauben an Gott und vertrauen Gott und seinem Wort wie die Kinder. Um diese Menschen ist Jesus besorgt. Diesen Menschen verspricht Jesus, dass sie Gottes Gegenwart und sein Wirken erleben werden, jetzt und hier!

Das betrifft zunächst jeden Menschen ganz persönlich. Am Ende macht es jedoch einen Unterschied für unsere Gesellschaft.

Nun zu dem dazugehörigen Abschnitt der Rede Jesu:

> 17 Meint nicht, dass ich gekommen sei, das Gesetz oder die Propheten aufzulösen; ich bin nicht gekommen, aufzulösen, sondern zu erfüllen.
> 18 Denn wahrlich, ich sage euch: Bis der Himmel und die Erde vergehen, soll auch nicht ein Jota oder ein Strichlein von dem Gesetz vergehen, bis alles geschehen ist.
> 19 Wer nun eins dieser geringsten Gebote auflöst und so die Menschen lehrt, wird der Geringste heißen im Reich der Himmel; wer sie aber tut und lehrt, dieser wird groß heißen im Reich der Himmel.
> 20 Denn ich sage euch: Wenn nicht eure Gerechtigkeit die der Schriftgelehrten und Pharisäer weit übertrifft, so werdet ihr keinesfalls in das Reich der Himmel hineinkommen.
> (Matthäus 5,17-20)

 Wie erklärt Jesus in diesen Versen 17 bis 20, wem das Reich Gottes gehört? Denn das ist ja meine Ausgangsthese: Ein Abschnitt seiner Rede erklärt eine seiner Seligpreisungen. Im Vergleich zu den anderen ist dies ein sehr kurzer Abschnitt. Er fokussiert sich auf die Seligpreisung „Glücklich die Armen im Geist, denn ihrer ist das Reich Gottes". In diesem

Redeabschnitt geht es Jesus um Glauben, um *den* Glauben. Jesus lehrt, auf welche Glaubensinhalte es ankommt. Der Abschnitt ist eine Art kompaktes Glaubensbekenntnis.

Jesus erklärt, dass **er** die Erfüllung der Prophetien und Verheißungen ist; das heißt insbesondere auch, dass er der versprochene und erwartete Messias ist, der Erlöser (Vers 17). Er macht seinen Zuhörern klar, dass Gottes Wort wahr und unvergänglich ist und dass alle Versprechen der Bibel eingehalten werden (Vers 18). Im Grunde würden diese Aussagen als Glaubensbekenntnis bereits ausreichen. Doch Jesus fährt noch fort. Denn es ist Jesus wichtig, dass wir Gottes Wort glauben, ohne etwas wegzulassen, es in Teilbereichen abzuändern oder zum eigenen Vorteil umzuinterpretieren. Außerdem ist es Jesus wichtig, dass wir auch **nach Gottes Wort und Willen handeln**. Denn wer diesen Glauben lebt und ihn auch noch anderen Menschen lehrt, wird „groß heißen im Reich der Himmel". Jesus wünscht sich also Jünger, die seine Worte und seinen Willen tun und von diesem ihrem Glauben weitererzählen und lehren, und stellt dafür sogar eine Belohnung in Aussicht (Vers 19). Bei den Schriftgelehrten und Pharisäern stimmten Glauben, Lehren und Tun nicht überein. Jesus war mit ihrem Tun und ihrer Herzenshaltung nicht einverstanden (Vers 20). Aus unserer heutigen Perspektive verstehen wir, dass es Jesus darum geht, ihm zu glauben und unsere Rechtfertigung und Gerechtigkeit vor Gott durch ihn, Jesus, anzunehmen. Unter den Schriftgelehrten und Pharisäern waren anscheinend viele „selbst-gerechte Heuchler", die die durch Jesus verkündete und in seiner Person begründete Gerechtigkeit nicht akzeptieren wollten.

Sowohl in Vers 19 als auch in Vers 20 greift Jesus die Verheißung seiner Seligpreisung „Glücklich die Armen im Geist, **denn ihrer ist das Reich Gottes**" auf. Das unterstreicht den Zusammenhang dieses Textabschnittes zu der ersten Seligpreisung.

Also: Alles ganz klar und ganz einfach?! Jesus ist der Erlöser. Gottes Wort ist wahr und zuverlässig. Wir dürfen Gott unser Vertrauen schenken. Seine Gebote sind super für uns, deshalb setzen wir sie um. Wir gehen los und erzählen allen von Jesus und wie cool es ist, ihm und seinem Wort zu vertrauen. Und am Ende bekommen wir auch noch eine Belohnung.

Ganz einfach! Zu einfach?

13 „Interessante Idee"

Wer kann in unserer aufgeklärten und wissenschaftlich geprägten Welt schon glauben, dass Jesus der Mensch gewordene Gott ist, der versprochene Retter, der die Menschen wieder mit Gott versöhnt?

Wer kann in unserer Informationsgesellschaft mit Internet und „Fake News" schon noch glauben, dass die Bibel Gottes Wort ist und dass wir uns auf ihre Aussagen und Versprechen verlassen können?

„Glücklich die Armen im Geist, denn ihrer ist das Reich Gottes."

In Lukas 10,21 heißt es:
21 In dieser Stunde jubelte Jesus im Geist und sprach: Ich preise dich, Vater, Herr des Himmels und der Erde, dass du dies vor Weisen und Verständigen verborgen hast und hast es Unmündigen offenbart. Ja, Vater, denn so war es wohlgefällig vor dir.

Ein Unmündiger ist nicht in der Lage, für sich selbst zu sorgen, wie zum Beispiel Kinder oder Menschen, die geistig so minderbemittelt sind, dass sie eines Vormunds bedürfen.

Bedeutet das also: „Glücklich die Unmündigen, die Einfältigen, die Leichtgläubigen"? Ja und Nein.

Ja, denn Jesus preist die Menschen glücklich, die aufgrund ihrer geistigen Konstitution, oder warum auch immer, in der Lage sind, das Evangelium zu glauben, ohne viel zu hinterfragen. Er preist die Menschen glücklich, die Gott, Jesus und seinem Wort einfach vertrauen und sich entsprechend verhalten.

14 „Den Kindern gehört das Reich Gottes"

Jesus sagt in Matthäus 19,14:
14 Lasst die Kinder zu mir kommen und wehrt ihnen nicht! Denn solchen gehört das Reich der Himmel.

Man beachte, dass Jesus hier die gleiche Verheißung für die Kinder ausspricht wie für die „Armen im Geist".

Nein, wenn man es so deuten wollte, dass **nur** „die Armen im Geist" das Reich Gottes erleben können. Auch der mächtigste oder intelligenteste Mensch kann „werden wie ein Kind" und glauben wie ein Kind, glauben wie ein „Armer im Geist". So macht Jesus in Matthäus 18,1-6 ganz deutlich, dass wir umkehren und werden sollen wie die Kinder. Das bezieht sich im folgenden Textzusammenhang insbesondere auf den Glauben.

1 In jener Stunde traten die Jünger zu Jesus und sprachen: Wer ist denn der Größte im Reich der Himmel?
2 Und als Jesus ein Kind herbeigerufen hatte, stellte er es in ihre Mitte
3 und sprach: Wahrlich ich sage euch, **wenn ihr nicht umkehrt und werdet wie die Kinder, so werdet ihr keinesfalls in das Reich der Himmel hineinkommen.**
4 Darum, wenn jemand sich selbst erniedrigen wird wie dieses Kind, der ist der Größte im Reich der Himmel;
5 und wenn jemand ein solches Kind aufnehmen wird in meinem Namen, nimmt er mich auf.
6 Wenn aber jemand einem dieser Kleinen, die an mich glauben, Anlass zur Sünde gibt, für den wäre es besser, dass ein Mühlstein an seinen Hals gehängt und er in die Tiefe des Meeres versenkt würde. (18,1-6)

Jesus spricht hier in Vers 3 die gleiche Konsequenz aus wie in seiner Rede in Matthäus 5,20 in Bezug auf die Schriftgelehrten. Die Drohung in Vers 6 erinnert an Matthäus 5,19. Wir müssen glauben wie die Kinder, um das Reich Gottes zu verstehen und zu erleben. Jesus identifiziert sich mit den Glaubenden. „… wenn jemand ein solches Kind aufnehmen wird in meinem Namen, nimmt er mich auf." Jesus wohnt in den gläubigen Menschen!

Jesus sagt:
23 Wenn jemand mich liebt, so wird er mein Wort halten, und mein Vater wird ihn lieben, und wir werden zu ihm kommen und Wohnung bei ihm machen.
(Johannes 14,23)

Paulus betet für die Gemeindemitglieder in Ephesus:
17 … dass der Christus durch den Glauben in euren Herzen wohne und ihr in seiner Liebe gewurzelt und gegründet seid, …
(Epheser 3,17)

Jesus wohnt in den Menschen, die wie Kinder an ihn glauben und ihn lieben.

Um Jesu Aussage „Glücklich die **Armen im Geist**, denn ihrer ist das Reich Gottes" noch besser zu verstehen, kann man die Begriffe „arm oder reich im Geist" auch noch einmal zurück ins Materielle übertragen, wo sie herkommen. Denn zu den Reichen sagt Jesus in Matthäus 19,23-26:

23 Schwer wird ein Reicher in das Reich der Himmel hineinkommen.
24 Wiederum aber sage ich euch: Es ist leichter, dass ein Kamel durch ein Nadelöhr geht, als dass ein Reicher in das Reich Gottes hineinkommt.
25 Als die Jünger es hörten, gerieten sie ganz außer sich und sagten: Wer kann dann errettet werden?
26 Jesus aber sah sie an und sprach zu ihnen: Bei Menschen ist dies unmöglich, bei Gott aber sind alle Dinge möglich.

Der materielle Reichtum steht dem Reichen „im Weg", um sich mit ganzem Herzen auf Gott auszurichten.

15 „Mögliche Eintrittsbarriere Bildung"

Zurück übertragen: der Arme → Einfältige und der Reiche → Gebildete. So wie der Besitz dem Reichen bezüglich seiner Herzenshaltung kann auch der Intellekt dem Gebildeten in Bezug auf seinen Glauben „im Weg stehen"! Kann, wohlbemerkt. Es ist einfacher für ein Kind, Gottes Botschaft der Liebe und Erlösung zu empfangen und zu glauben, als für einen gebildeten Erwachsenen. Aber Jesus spricht: „Bei Menschen ist dies unmöglich, bei Gott aber sind alle Dinge möglich." Dies gilt für den Reichen wie auch für den Gebildeten. Und dies gilt sicher auch für den Zweifler wie zum Beispiel Thomas (Johannes 20,24-29). Denn nur wer Glauben hat, kann zweifeln. Und trotzdem sagt Jesus zu Thomas:

29 Weil du mich gesehen hast, hast du geglaubt. Glücklich sind, die nicht gesehen und (trotzdem) geglaubt haben!
(Johannes 20,29)

Jesus und Paulus war es wichtig, dass die Führer des Volkes und die Glaubenslehrer die Gläubigen nicht mit Regeln und Geboten unterdrücken und ihren Interessen unterwerfen, sondern ihnen erklären und zeigen, wie der einzelne Mensch in eine persönliche Beziehung zu Gott kommt; in eine Eltern-Kind-Beziehung!

In Römer 8,15 heißt es:
15 Ihr habt nicht einen knechtischen Geist empfangen, dass ihr euch abermals fürchten müsst, sondern ihr habt einen **kindlichen** Geist empfangen, durch den wir rufen: Abba, lieber Vater!

Dafür ist Jesus gekommen, gestorben und auferstanden und hat seinen Heiligen Geist gesandt. Wir sollen Respekt vor Gott haben, aber keine Angst im negativen Sinne, sondern liebevoll „Papa" zu ihm sagen.

Kinder sind bedürftig. Sie können nicht alleine leben. Sie sind abhängig von der Zuwendung Erwachsener. Auch das ist ein Bild für uns, wenn wir werden sollen wie die Kinder: Wer das Reich Gottes erleben will, der muss sich in die Abhängigkeit Gottes begeben. Wer alles selbst tut, aus eigener Kraft, Logik und Überlegung, wer sich nur im Rahmen der menschlichen Vernunft und Sicherheit bewegt, der wird Gottes Eingreifen und Wirken selten erleben. Die Menschen, die an Gott glauben wie die „Armen im Geist", verlassen sich auf Gott und sein Eingreifen. Und dann erleben sie auch sein Eingreifen oder von ihm gewirkte Wunder.

Einem gebildeten und mitunter einflussreichen Erwachsenen fällt es nicht leicht, sich so zu verhalten. Ich weiß, wovon ich spreche. Vielleicht sagt Jesus deshalb in Matthäus 18, Vers 4:

4   Darum, wenn jemand sich **selbst erniedrigen wird** wie dieses Kind, der ist der Größte im Reich der Himmel.

Denn sich auf Gott und sein Eingreifen zu verlassen, ist in gewisser Hinsicht erniedrigend, da ich die Fürsorge oder das Steuer aus der Hand gebe und jemand anderem anvertraue, da ich vielleicht in dem Moment nicht alles tue, was ich aus eigener Kraft und Überlegung tun könnte. Das ist nach der Bibel gelebte Demut: Mut, auf Gott zu vertrauen. Der Demütige vertraut also nicht auf seine eigene Kraft, Schlauheit usw., sondern auf Gott.

Petrus schreibt:
6 Demütigt euch nun unter die mächtige Hand Gottes ...
7 indem ihr alle eure Sorgen auf ihn werft! Denn er ist besorgt für euch.
   (1. Petrus 5,6+7)

Jesus sagt von sich:
29 Ich bin sanftmütig und von Herzen demütig.
   (Matthäus 11,29)

Jesus war demütig. Demut bedeutet, sich der Angewiesenheit auf Gott und der Notwendigkeit seiner Gnade bewusst zu sein und den Mut zu haben, auf Gott zu vertrauen. Der Demütige weiß, dass er eben nicht alles weiß und erkannt hat. Er weiß, dass er auf die Hilfe und das Wissen anderer und insbesondere Gottes angewiesen ist! Jesus selbst sagt von sich, dass er nur das tut und sagt, was sein Himmlischer Vater ihm zu-sagt (Johannes 8,26; 12,50).

Eine gottbezogene Demut bedingt Glauben: Glauben an Gott und den Glauben und das Vertrauen, dass Gott für mich besorgt ist und mich ver-sorgt. In diesem Sinnzusammenhang könnte die Seligpreisung auch lauten:

„Glücklich die Demütigen, denn ihrer ist das Reich Gottes."

Diese Realität des Reiches Gottes wird nur dem erschlossen, der glaubt. Nur die Glaubenden werden schon auf dieser Welt, in diesem ihrem Leben das Reich Gottes erleben. Wer Gott vertraut und mit seinem akti-ven Handeln rechnet, erlebt sein Wirken.

Durch seine pointierte Aussage „Glücklich die Armen im Geist, denn ihrer ist das Reich Gottes" und seine Erklärungen in 5,17-20 preist Jesus nicht nur die Menschen, die ihm und seinem Vater im Himmel glauben und ver-trauen, sondern er warnt auch die Einflussreichen und Intellektuellen, die Gottes Wort im Sinne ihrer Ideen, Erkenntnisse und Interessen interpre-tieren und umdeuten und somit ihre Macht missbrauchen. Das wird von Matthäus 18,6 eindrucksvoll unterstrichen:

6   Wenn aber jemand einem dieser Kleinen, die an mich glauben, Anlass zur Sünde gibt, **für den wäre es besser, dass ein Mühlenstein an seinen Hals gehängt und er in die Tiefe des Meeres versenkt würde**. (Matthäus 18,6)

Im Reich Gottes ist nicht der Mächtigste der Größte oder der, der die Menschen am besten (ver-)führen kann, sondern der, der Jesus nach-folgt und wie er aus Liebe und in Liebe den anderen Menschen begegnet und dient. Wie Jesus, das heißt durchaus auch: gradlinig, klar, mutig und konsequent.

Kein Wunder, dass Jesus mit seinem Reden und Tun die Mächtigen der damaligen Gesellschaft gestört hat und dass sie überlegt haben, wie sie ihn beseitigen könnten.

Jesus störte die Pharisäer und Schriftgelehrten wahrscheinlich genauso wie Martin Luther zu seiner Zeit das Machtgefüge, das Geschäftsmodell und den Businessplan der Katholischen Kirche.

Menschen, die Gott vertrauen wie die Kinder und sein Wort hören, glauben und auch tun, werden Gottes Reich erleben und in ihrem Umfeld unsere Gesellschaft verändern – positiv, da in Gottes Sinne dem Menschen und somit dem Gemeinwohl dienend. Aber nicht immer im Sinne derer, die in der Gesellschaft das Sagen haben.

… denn ihrer ist das Reich Gottes

Im Markusevangelium 1,14-15 heißt es:
14 … kam Jesus nach Galiläa und predigte das Evangelium [= die Gute Nachricht] Gottes
15 und sprach: Die Zeit ist erfüllt, und das Reich [oder die Königsherrschaft] Gottes ist nahe gekommen. Tut Buße und glaubt an das Evangelium.

35 Und Jesus zog umher durch die Städte und Dörfer und lehrte in ihren Synagogen und predigte das Evangelium des Reiches und heilte jede Krankheit und jedes Gebrechen.
(Matthäus 9,35)

Jesus spricht in Matthäus 12,28:
28 Wenn ich aber durch den Geist Gottes die Dämonen austreibe, so ist das Reich Gottes zu euch gekommen.

20 Und als Jesus von den Pharisäern gefragt wurde: Wann kommt das Reich Gottes?, antwortete er ihnen und sprach: Das Reich Gottes kommt nicht so, dass man es beobachten könnte;
21 noch wird man sagen: Siehe hier! oder: Siehe dort! Denn siehe, das Reich Gottes ist mitten unter euch.
(Lukas 17,20-21)

17 Denn das Reich Gottes ist nicht Essen und Trinken, sondern Gerechtigkeit und Friede und Freude im Heiligen Geiste.
(Römer 14,17)

Und im „Vaterunser" heißt es:
6 Dein Reich komme, dein Wille geschehe, wie im Himmel, so auf Erden.
(Matthäus 6,10)

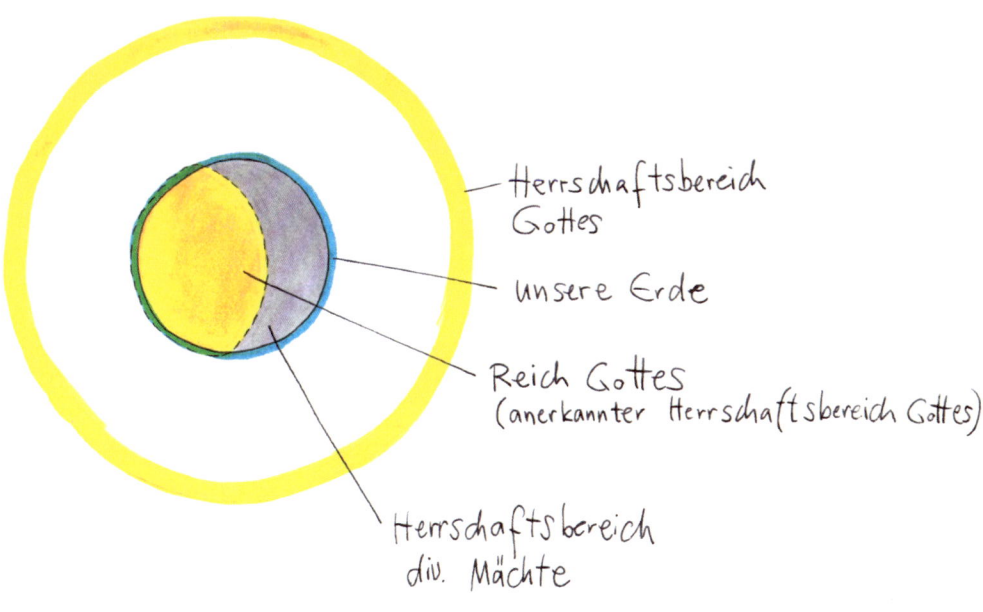

16 „Modell Reich Gottes"

Wenn Gottes Reich kommt, wie im Himmel so auf Erden, dann bedeutet das doch, die Zustände auf der Erde werden zumindest punktuell und teilweise wie die Zustände des Himmels. Als Jesus als Mensch lebte, war das Reich Gottes nahegekommen, denn Gott selbst wurde Mensch. Und in seiner Person sowie in den Zeichen und Wundern, die Jesus tat, konnten die Menschen „Zustände des Himmels auf der Erde sehen und erleben". Das gilt bis heute, auch wenn Jesus nicht mehr als Mensch auf der Erde ist. Er wurde gekreuzigt und ist gestorben. Aber er ist auferstanden von den Toten. Und er hat uns Menschen den Heiligen Geist gesandt und ist durch diesen weiterhin unter uns und in uns. Gottes Reich ist unter uns und in uns, den Menschen, die an Jesus glauben.

17 „Das Reich Gottes unter uns"

Überall dort, wo wir die Herrschaft (Leitung) in unserem Leben an Gott abgeben und uns nach seinem Willen richten, kann sein Reich sich ausbreiten. Nicht vollkommen, wir sind ja auch noch da ☺, aber ansatzweise. So können wir als Gläubige Gottes Wirken und seine Kraft erfahren. So ist auch heute noch das Reich Gottes „nahe gekommen", ein Reich und eine Realität, in welcher der König Jesus regiert.

Martin Luther hat einmal gesagt:
„In der Natur ist Erfahrung die Ursache, warum wir hören, und sie geht der Zustimmung voraus; in der Theologie aber folgt die Erfahrung der Zustimmung …"

Für diese Zustimmung, als Voraussetzung der Erfahrung, braucht man anscheinend Glauben und Vertrauen. „Glücklich die Armen im Geist, denn ihrer ist das Reich Gottes!"

Da dieser (kindliche) Glaube die Eingangsvoraussetzung ist, das Wirken Gottes bewusst zu erleben, macht es für mich auch Sinn, dass Jesus diese Seligpreisung an den Anfang seiner Rede stellt und entsprechend mit seinen Lehrausführungen dazu beginnt. Glaube und Gottvertrauen sind wie eine Tür; eine Tür in eine andere Welt. Es erinnert mich an den Film NARNIA: Die unscheinbare Tür zum Kleiderschrank eröffnet den Weg in eine andere Welt und in neue Dimensionen.

Meine persönliche Erfahrung

Meine Mutter war eine sehr kluge und intelligente Frau. Sie ist leider im Jahr 2015 verstorben. Ich wünschte, ich wäre so gebildet und belesen, wie sie es gewesen ist. Leider lässt sich das nicht vererben☺.

Wir haben oft miteinander über das Thema Glauben gesprochen, gerade hier, wo ich jetzt sitze und diese Zeilen schreibe. Sie hatte ein schönes und auch schweres Leben, und sie hat sich sehr viel mit dem christlichen Glauben beschäftigt. Doch es ist ihr nie gelungen – und wir können das nicht bewusst steuern –, sich wie ein Kind in Gottes Arme fallenzulassen.

18 „Vertrauenssprung"

Ich habe da das Bild vor Augen, wie ein Kind von einer Mauer voller Vertrauen in die Arme seiner Mutter oder seines Vaters springt. Oder ein Kind, welches hinfällt und sich wehtut, kommt zur Mutter und findet in ihren Armen Trost.

Und genau das möchte Gott für uns sein.

12 Auf den Armen werdet ihr getragen und auf den Knien geliebkost werden.
13 Ich will euch trösten, wie einen seine Mutter tröstet.
(Jesaja 66,12-13)

Es ist ein Vorrecht und eine Gnade, sich mit kindlichem Glauben in die Geborgenheit des Vaters im Himmel zu begeben. Wir können das nicht machen. Meine Mutter konnte, tief in ihrem Innersten, nicht wirklich glauben, dass dieser allmächtige, große Gott sie ganz persönlich sieht und liebhat und dass er sich dann auch noch um sie kümmert. Sie konnte sich das nicht vorstellen, obwohl sie schon als Jugendliche zu einer Klosterschule gegangen ist und dort insbesondere in einer der Nonnen-Schwestern ein sehr attraktives Vorbild im Glauben kennenlernen durfte. Auch wenn Jesus uns auffordert: „Werdet wie die Kinder", ist es letztlich Gnade, wenn das gelingt. In Bezug auf meine Mutter macht mich dieser Punkt noch heute traurig, wenn ich an sie denke! Denn ich weiß aus unseren Gesprächen, dass sie sich diese Geborgenheit in Gott gewünscht hat.

Mir persönlich geht es da ganz anders. Ich glaube, dass da jemand ist, der mich gewollt hat und für den mein Leben einen Sinn macht. Ich vertraue, dass dieser Gott, trotz seiner Verantwortung für das unendliche Universum, mein kleines und unbedeutendes Leben sieht – und nicht nur sieht, sondern wertschätzt. Ich habe diesen kindlichen Glauben. Oder besser: Ich habe ihn geschenkt bekommen.

Es gibt mir Gelassenheit, diesem Gott mein Leben anzuvertrauen.

Jemandem etwas anvertrauen heißt, es ihm übergeben. Das heißt wiederum, dass diese Person dann auch die Verantwortung dafür trägt. Das entlastet und entspannt mich. Das entbindet mich nicht meiner Verantwortung für mein Reden, Tun und Lassen. Aber es entlastet und entspannt. Denn mir ist bewusst, dass ich nicht alles machen – im Sinne von managen, gestalten, regeln – kann. Ja, das meiste habe ich so gar nicht in der Hand. Da tut es gut, sich jemandem anzuvertrauen, der den Überblick hat. Ich habe diesen Überblick nicht, sehe immer nur einen kleinen Teil der Wirklichkeit und nur „bis zur nächsten Kurve".

Und genauso geht es mir auch als Unternehmer.

Als Unternehmen haben wir eine Vision, eine Strategie; wir setzen uns Ziele und erstellen Maßnahmepläne. Wir ergreifen Chancen und reagieren auf Krisen oder auftretende Probleme und so weiter. Aber es gibt noch so viel mehr, was wir nicht beeinflussen oder wirklich gestalten können! Neue Wettbewerber; Substitute; Finanz- oder Konjunkturkrisen; Umweltkatastrophen; Unfälle, Krankheit oder Tod von wichtigen Leistungsträgern; die Gunst von Geschäftspartnern; kreative Gedanken … Da tut es gut, sich nicht nur als Mensch, sondern auch als Unternehmer von Gott gesehen, geliebt und getragen zu wissen. Ich fühle mich in ihm geborgen. Ich strenge mich an und gebe mein Bestes, doch ich weiß, dass ich nicht die letzte Verantwortung trage. Ich bin nicht der, der alles machen kann und machen muss. Das entlastet mich! Das entspannt mich insofern, dass ich mir keine Sorgen mache. Ich habe keine schlaflosen Nächte, weil ich mich um die Zukunft sorge. Wenn ich in der Vergangenheit schlaflose Nächte hatte, dann waren die Ursachen meist zwischenmenschliche Konflikte.

Es geht nicht darum, dass ich keinen Grund finden würde, mir Sorgen zu machen. Ich bin verantwortlich für ein Unternehmen mit 1800 Mitarbeitern. Ich habe in den letzten 20 Jahren zwei große Konjunkturkrisen miterlebt, die eine aufgrund der Finanzkrise 2009, die andere aufgrund einer Krise in der Öl- und Gasindustrie 2015 bis 2017. Noch nie haben so viele Unternehmen in unserer Branche Insolvenz angemeldet oder ihre Gesellschaftsanteile verkauft wie in dieser Zeit, auch namhafte, gestandene Unternehmen. Auch ich habe in meiner Zeit als geschäftsführender Gesellschafter drei Unternehmen wieder geschlossen; zwei, die ich selbst gegründet habe, eins, welches wir akquiriert hatten. Und ich bin Unternehmer, kein Unterlasser. Sich Gedanken machen – klar! Aber sich Sorgen machen – nein!

Mir gefällt diesbezüglich das Bild vom Statthalter. Ein Statthalter hat alle Befugnisse und regiert wie ein König, ist aber „nur" Statthalter. Jesus benutzt das Bild vom Verwalter. Jedem Verwalter, jedem Menschen wird Unterschiedliches und unterschiedlich viel anvertraut. Dann heißt es, vertrauenswürdig damit umzugehen.

Das ist meine Aufgabe als Unternehmer, dem ein Unternehmen anvertraut ist und damit unter anderem, viele Menschen zu führen und für den Wohlstand vieler Familien zu sorgen. Ich bin Statthalter und Verwalter, aber mein tatsächlicher Wirkungs- und Einflussbereich ist sehr begrenzt. Vieles, worauf es am Ende ankommt, kann ich gar nicht steuern. Da entlastet es mich, dass es noch einen König gibt. Und dieser König ist allmächtig, allwissend und unendlich. Ihm darf ich mich und die Umstände, die mir Sorgen bereiten wollen, anvertrauen.

Das ist aber ein kindlicher Glaube, wirst du jetzt vielleicht denken!

Genau! So ist es, auch wenn du darüber schmunzelst. Ich glaube auch nicht, dass dieser Glaube mittels Intellekt und Verstand zu erfassen ist. Er ist ein Geschenk. Deshalb sagt Jesus ja gerade: „**Glücklich** die Armen im Geist …"

Im Brief des Paulus an die Philipper heißt es so schön:
4   Freut euch im HERRN allezeit! …
6   Seid um nichts besorgt, sondern in allem sollen durch Gebet und
    Flehen mit Danksagung eure Anliegen vor Gott kundwerden;
7   und der Friede Gottes, der den **Verstand übersteigt**, wird eure Herzen
    und Gedanken bewahren in Christus Jesus.
    (Philipper 4,4+6-7)

Und Jesus verspricht denen, die sich auf diesen kindlichen Glauben einlassen, dass sie ihn erleben, „… denn ihrer ist das Reich der Himmel".

Und so erlebe auch ich Gottes Wirken und Eingreifen in meinem bescheidenen Wirkungskreis und meinem, relativ betrachtet, unbedeutenden Leben. Und genau das empfinde ich als Lebensqualität und es bringt mir eine extra Portion Lebensfreude. Es ist spannend zu sehen, wie Gott tatsächlich in meinem Leben und Umfeld eingreift und mich sowie andere Menschen und Situationen verändert.

Das macht mich froh und dankbar. So danke ich Gott, wo mir sein Eingreifen bewusst wird oder ich Gebetserhörung erlebe. Und ich wünsche mir von Herzen, Gottes übernatürliche Kraft mehr und mehr in meinem Leben zu erleben. Darüber hinaus gehe ich davon aus, dass es mindestens so viele Situationen gibt, in denen Gott handelt, die mir nicht bewusst werden. Und auch dafür danke ich ihm.

Dankbarkeit halte ich für einen der Schlüssel für ein glückliches Leben.

Denn Dankbarkeit bringt Freude ins Herz und verändert den Blick auf den Alltag. Es gibt immer Probleme, Nöte und Missstände, gerade in einem großen Unternehmen! Aber genauso gibt es auch immer Menschen, Situationen, Ereignisse und Dinge, für die ich dankbar sein kann! Es gilt nur, sie zu sehen oder sie wie ein Kind zu entdecken.

Erfahrungsbericht von Ursula Weiffenbach

Gott handelt – auch im Verborgenen

Es sind Sternstunden für mich, wenn ich die Gelegenheit habe, mit einem anderen Menschen über meinen Glauben zu reden – oder gar die Schritte auf dem Weg zu Jesus mit ihm gehen zu dürfen. Ich bin dann zutiefst beglückt, denn ich weiß: Hier geht es um das Eigentliche, um das Wichtigste überhaupt – für Zeit und Ewigkeit.

Nun bin ich aber weder Pastorin noch hauptamtliche Evangelistin, sondern Paar- und Familientherapeutin. Und meine Klienten kommen nicht mit dem Auftrag zu mir, ihnen das Evangelium zu verkündigen, sondern ihre Ehe zu kitten. Das bringt mich in eine Spannung: Einerseits ist die Ehe „ein weltlich Ding", wie Luther sagte, und funktioniert nach bestimmten Gesetzmäßigkeiten für Christen und Nichtchristen gleichermaßen. Dies zu vermitteln ist mein Job. Andererseits ist mir das immer auch zu wenig, denn manche Grundhaltungen – Tugenden –, von denen eine gute Ehe lebt, sind im Glauben an Jesus leichter zu lernen: zum Beispiel die Bedürfnisse des Partners genauso hoch oder gar höher zu achten als die eigenen; dienend zu lieben; nicht nachtragend, sondern vergebungsbereit zu sein ...

Es gibt aber nur sehr selten die Möglichkeit, den Glauben an Jesus im Rahmen einer Therapie zu thematisieren. Manche Klienten sagen mir auch sehr deutlich, dass sie mit Glauben nichts am Hut haben und auf dieser Ebene nicht angesprochen werden wollen. Das schmerzt mich, aber ich habe es zu respektieren. Mir bleibt dann „nur" das Gebet; ich vertraue darauf, dass Gott wirkt!

So erlebte ich es auch bei Ehepaar L.

Frau L. war Christin, ihr Mann signalisierte deutlich seine Ablehnung. Die Therapie endete vorzeitig, weil Frau L. erkrankte und starb. Herrn L. verlor ich daraufhin aus den Augen.

Wenige Jahre später wurde ich zur Taufe einer Patentochter eingeladen (zu einer „Gläubigentaufe" von Erwachsenen in einer Freikirche). Ich traute meinen Augen kaum, als ich auch meinen ehemaligen Klienten, Herrn L., in das Taufbecken steigen sah! Selbstverständlich ging ich anschließend auf ihn zu, um meiner Freude Ausdruck zu geben. „Sie wissen doch, dass Sie einen großen Anteil daran haben, dass ich zum Glauben gekommen bin, nicht wahr?", meinte er. Nein, das wusste ich nicht! Glaubensfragen waren in der Therapie mit Ehepaar L. nie ein Thema gewesen, und ich habe bis heute keine Ahnung, auf welche Weise ich zu Herrn L.s Umkehr zu Jesus beitragen konnte.

Jesus sagt uns: „Ihr seid das Salz der Erde, … ihr seid das Licht der Welt. Eine Stadt, die auf einem Berge liegt, kann nicht verborgen bleiben." Das ist wahr, wo wir auch sind und was wir auch tun. Jesus lebt in uns. Und er handelt auch im Verborgenen.

Durch diese Begebenheit habe ich gelernt: Ich darf gelassener sein und einfach in seinem Namen meinen Job tun – Er wirkt, wundervoll!

Erfahrungsbericht von Niklas Stumpp

Wunder
„Denn unser Herr tut heute noch Wunder – Stunde um Stunde, Tag für Tag." So lautet der Songtext von Samuel Harfst, einem deutschen Liedermacher. Eine Zeitlang habe ich dieses Lied sehr gerne gesungen. Es hat Hoffnung in mir geweckt, dass wir in einer Zeit leben, in der Gott immer noch Wunder tut, in das Weltgeschehen eingreift und Menschenleben verändert. Wer die Bibel liest, stellt fest, dass die Seiten voll sind mit einem übernatürlichen Gott, der mit normalen Menschen Geschichte schreibt. Zu den bekanntesten übernatürlichen Geschichten gehören die Teilung des Roten Meeres mit Mose, die Essensvermehrung von Fisch und Brot in den Händen der Jünger und Petrus, der auf dem Wasser läuft. Diese Stories bringen mich immer wieder zum Staunen!

In einer Welt, die Gottes Wirken ausklammert und alles Mystische logisch zu erklären versucht, klingen die Wunder aus der Bibel heutzutage umso unglaublicher und werden von vielen Menschen als Mythen abgestempelt.

Selbst zu Jesu Zeiten haben sich die Menschen an den Wundern und übernatürlichen Geschichten um Jesus herum gestoßen. Dass Gott Mensch wird und in Fleisch und Blut auf die Erde kommt, hat einfach nicht in ihr Weltbild gepasst, und sie konnten es nicht glauben. Jesus heilte die Kranken, trieb böse Geister aus und weckte die Toten auf. Jesus hat Wunder getan, um zu beweisen, dass er Gottes Sohn ist und vom Vater gesandt wurde. Hätte es nicht eigentlich für alle Menschen offensichtlich sein müssen, dass Jesus Gottes Sohn ist? Seine Wunder stellten eigentlich jedem Menschen die Frage: „Glaubt ihr mir jetzt?" Trotzdem konnten und wollten viele Menschen ihm nicht glauben und nagelten ihn für seinen „Größenwahn" ans Kreuz.

Mir ist aufgefallen, dass viele Menschen versuchen, mit dem Kopf zu glauben. Das Problem daran ist, dass wir Menschen Gott nicht mit unserem Verstand begreifen können, weil er nicht in unseren Kopf passt. Er ist viel zu groß dafür. Ich bin der Meinung, dass man Glauben nicht logisch erklären kann. Vielmehr wird mit dem Herzen geglaubt und dafür muss man nicht alles mit dem Kopf verstanden oder alle Zweifel ausgeräumt haben. Ich erlebe, wie Gott mich häufig herausfordert, ihm einfach wie ein Kind zu vertrauen, selbst wenn es keinen Sinn zu machen scheint.

Ich habe mich sehr früh in meinem Leben entschieden, so wie ein Kind den Geschichten der Bibel zu glauben und darauf zu vertrauen, dass sie wahr sind. Mehr noch, ich habe angefangen, meinem Gott zuzutrauen, dass er heute noch Wunder tut und sogar Wunder durch mich tun möchte.

11 Glaubt mir, dass ich im Vater bin und der Vater in mir ist; wenn nicht, so glaubt um der Werke willen!
12 Wahrlich, wahrlich, ich sage euch: **Wer an mich glaubt, der wird auch die Werke tun, die ich tue, und wird größere als diese tun**, weil ich zum Vater gehe.
13 Und was ihr bitten werdet in meinem Namen, das werde ich tun, damit der Vater verherrlicht werde in dem Sohn.
14 Wenn ihr mich etwas bitten werdet in meinem Namen, so werde ich es tun.
(Johannes 14,11-14)

Dieser Vers ist einer von vielen Bibelversen, die mich überzeugen, dass es für mich – wie für jeden Christen – normal sein sollte, ein „übernatürliches Leben zu führen" und im Namen Jesu Wunder zu vollbringen. Aus eigener Kraft kann ich selbstverständlich keine Kranken heilen oder Tote auferwecken. Diese Macht liegt in keinem Menschen, sondern allein in Jesus Christus. Aber weil Jesus lebt und er in mir wohnt, kann er durch mich Dinge tun, die über den Grenzen meiner menschlichen Fähigkeiten liegen. Das heißt für mich, „denn ihrer ist das Reich der Himmel" zu erleben.

Häufig bete ich zu Gott: Herr, zieh mich als deinen Handschuh an und tue durch mich, was du willst. Ich habe gelernt, dass Gott durch jeden Menschen, der sich ihm auf diese Weise zur Verfügung stellt, Wunder wirkt.

Jesus selber sagt immer wieder, dass er nichts aus sich selber tun kann, sondern nur aus Gott heraus handelt. Das bedeutet, dass er alle Wunder aus seiner Beziehung zum Vater heraus getan hat. Als Mensch unterlag er denselben menschlichen Begrenzungen wie du und ich. Doch weil er von Gottes Geist erfüllt war und eins mit Gott war, konnte er durch den Heiligen Geist das Unmögliche tun. Es ist einfach unfassbar, dass du und ich eingeladen sind, in derselben Beziehung zum Vater zu leben, die Jesus besaß.

Mit einem übernatürlichen Gott befreundet zu sein, hat mein Leben zu einem großen Abenteuer gemacht. Es macht so viel Spaß, den unmöglichen Dingen dieser Welt zu trotzen, Kranken die Hände aufzulegen, für sie zu beten und zu erleben, wie Jesus sie heilt. Inzwischen habe ich für Hunderte von kranken Menschen um Heilung gebetet. Mal hab ich mit großem Glauben für einen Kranken gebetet, und es ist nichts passiert. Mal habe ich mit null Glauben gebetet, und die Person wurde geheilt. Nicht jede Person, die geheilt wurde, wurde immer direkt geheilt. Aber viele, viele Male habe ich erlebt, wie Menschen augenblicklich von Jesus geheilt wurden.

Eines meiner ersten Wunder erlebte ich in Köln, direkt vor dem Kölner Dom. Dort kam ich mit einem Jugendlichen ins Gespräch, der einen Gipsverband trug und mir erzählte, dass sein Handgelenk ganz frisch, vor 3 Tagen, gebrochen sei. Ich sagte ihm, dass ich glaube, dass Jesus ihn heilen möchte, und fragte ihn, ob ich für seine Hand beten dürfe.

Nach dem ersten Mal Beten hatte sich noch nichts an dem Schmerz in der Hand verändert. Er meinte, seine Hand schmerze höllisch, wenn er sie auch nur sanft berühre. Nach einem zweiten kurzen Gebet fragte ich ihn, ob er einen Unterschied in seiner Hand spüre. Er testete seine Hand aus und fing an, sie durchzukneten. Völlig am Ausflippen drehte er sich zu mir: „Was hast du mit meiner Hand gemacht? Wer bist du? Wie hast du das gemacht?" Er konnte einfach nicht fassen, dass aller Schmerz seine frisch gebrochene Hand verlassen hatte. Ich war ehrlich gesagt genauso erstaunt wie er, aber antwortete: „Das war nicht ich. Jesus hat dich geheilt. Und wenn du ihn einlädst, in dir zu leben, kann er das Gleiche durch dich tun." Eine Woche später schrieb er mir über Facebook, dass er am Tag danach zum Arzt gegangen sei, und dieser bestätigte, dass sein Handgelenk komplett wieder gesund ist.

Menschen müssen nicht erst in die Kirche kommen, um Jesus zu erleben oder geheilt zu werden. Überall, wo wir hingehen, bringen wir Jesus mit uns. Jesus lebt ja nicht nur in uns, wenn wir in der Kirche sitzen, sondern genauso lebt er in uns an jedem Tag und an jedem Ort der Welt.

Bei meinem letzten Studentenjob bei Volkswagen erzählte mir ein Arbeitskollege, dass er Rückenschmerzen habe und ihm das viele Sitzen bei der Arbeit große Probleme bereite. Er erlaubte mir, für ihn zu beten. Danach beschrieb er mir, was sich während der 30 Sekunden Gebet in seinem Körper abgespielt hatte. Während ich für ihn betete, durchlief seinen Rücken eine Art Schauer, und es fühlte sich schön an. Anschließend war aller Schmerz im Rücken und in der Schulter weg – zum ersten Mal seit 12 Jahren. An den folgenden Arbeitstagen bemerkte er mehrfach, wie dankbar er sei, beim Sitzen endlich keine Schmerzen mehr zu haben.

Heilungen wie diese erlebe ich inzwischen sehr regelmäßig, und es wundert mich nicht mehr, wenn eine Person geheilt wird. Es fühlt sich total real für mich an, dass Jesus, der beste Doktor der Welt, in mir lebt und seine Heilungskraft durch mich fließt, um Menschen zu berühren und von Krankheit zu befreien. Ich glaube, Gott hat es sich von Anfang an so gedacht, dass das Übernatürliche normal für uns sein soll. Für ihn ist es das absolut Natürlichste, Wunder zu tun. Und wenn wir mit so einem Gott zusammenleben und ihm zutrauen, dass er auch heute noch Wunder tut, dann werden wir erleben, wie auch für uns das Übernatürliche natürlich und das Unmögliche möglich wird.

II Selbsterkenntnis und Wertschätzung

5 „Selbsterkenntnis und Wertschätzung"

Glücklich die Trauernden, denn sie werden getröstet werden.

Jesus ermutigt dich, aufrichtig mit dir zu sein, um dich selbst zu erkennen und traurig darüber zu werden. Dann kann Jesus dich trösten und als seinen Botschafter beauftragen. Er möchte, so wie du bist, mit dir zusammenarbeiten. Was für eine Wertschätzung!

> „Als aber Simon Petrus es sah, fiel er zu den Knien Jesu nieder und sprach: Geh von mir hinaus! Denn ich bin ein sündiger Mensch, Herr."
> (Lukas 5,8)

Wenn wir die Seligpreisungen als Management Summary betrachten und diese mit dem Text der Bergpredigt erklären, kommt jetzt vielleicht die größte Überraschung.

Denn in der Rede Jesu auf dem Berg finden wir keinen Textabschnitt, in dem es um Trauer wegen eines Verlusterlebnisses – wie zum Beispiel den Tod eines geliebten Menschen – geht. Es steht außer Frage, dass Gott dieses Leid sieht und uns trösten will. Aber im Kontext der Bergpredigt ist das nicht die Aussage und Intention der Seligpreisung „Glücklich die Trauernden, denn sie werden getröstet werden".

Ich sagte ja, dass die Aussagen der Management Summary auch eine Art Wachmacher sind, weil Aussagen unlogisch erscheinen oder eine Spannung erzeugen. Und dazu gehört auf jeden Fall die Aussage „Glücklich die Trauernden, denn sie werden getröstet werden". Denn der erste Gedanke des Hörers oder Lesers an Leid durch eine Verlusterfahrung wie Tod steht zu „glücklich sein" in einem krassen Widerspruch.

In der Rede auf dem Berg geht es Jesus um eine andere Art von Trauer. Es geht nicht um die Trauer aufgrund von Leid oder einer Verlusterfahrung, sondern um eine innere Erschütterung aufgrund einer Erkenntnis. Es geht um Traurigkeit über sich selbst im Angesicht Gottes.

Dabei geht es auch um die Frage „Brauche **ich** einen **mich erlösenden** Gott?"

„Bin ich nicht eigentlich O.K.?"; „Ich bin doch ein guter Mensch, oder?"; „Ich halte doch die Gebote Gottes!" … Jesus möchte alle Menschen überzeugen und ihnen zurufen: „Ja, ihr braucht mich!"

Jesus möchte insbesondere die Menschen ansprechen und überführen, die glauben, über das Einhalten von Gesetzen oder Vorschriften vor Gott (und sich selbst) gerecht sein zu können – wie zum Beispiel damals die Schriftgelehrten und Pharisäer.

Rhetorisch und argumentativ macht Jesus das in seiner Rede so:

Er wählt drei Gebote aus, die man oberflächlich betrachtet tatsächlich einhalten kann, ja, die sogar sehr auffallend und anstößig sind, wenn man sie nicht einhält. Nämlich:
Du sollst nicht töten (2. Mose 20,13),
Du sollst nicht ehebrechen (2. Mose 20,14), und
Du sollst den Namen deines HERRN, deines Gottes, nicht zu Nichtigem aussprechen. (2. Mose 20,7)

An diesen Geboten macht er beispielhaft deutlich, dass es keinen Menschen gibt, der diese Gebote wirklich einhält. Denn Jesus und seinem Vater im Himmel kommt es auf die Herzenshaltung an.

Wenn man nun aufrichtig unter diesem Blickwinkel Jesu auf diese drei Gebote schaut, **gibt es nicht einen Menschen**, der, wenn er ehrlich zu sich selbst ist, nicht zugeben müsste, dass er diese Wünsche und Forderungen Gottes nicht einhalten kann. Und folgerichtig eben NICHT aus sich selbst bzw. durch eigene Leistung gerecht sein kann vor Gott.

Jesus möchte durch seine Worte erreichen, dass seine Zuhörer Selbsterkenntnis über die eigene Schuld gewinnen und dann darüber traurig werden und trauern.

Dann kann er sie trösten und als Jünger in die Nachfolge rufen; erst dann kann er sie „wirklich gebrauchen" und sie beauftragen.

Nun folgt der Abschnitt aus der Rede Jesu zu der Seligpreisung „Glücklich die Trauernden, denn sie werden getröstet werden":

21 Ihr habt gehört, dass zu den Alten gesagt ist: Du sollst nicht töten; wer aber töten wird, der wird dem Gericht verfallen sein.
22 Ich aber sage euch, dass jeder, der seinem Bruder zürnt, dem Gericht verfallen sein wird; wer aber zu seinem Bruder sagt: Raka! [wie „Dummkopf"] dem Hohen Rat [zur Römerzeit die höchste jüdische Instanz] verfallen sein wird; wer aber sagt: Du Narr! der Hölle des Feuers verfallen sein wird.
23 Wenn du nun deine Gabe darbringst zu dem Altar und dich dort erinnerst, dass dein Bruder etwas gegen dich hat,
24 so lass deine Gabe vor dem Altar und geh vorher hin, versöhne dich mit deinem Bruder; und dann komm und bring deine Gabe dar!
25 Komm deinem Gegner schnell entgegen, während du mit ihm auf dem Weg bist! Damit nicht etwa der Gegner dich dem Richter überliefert und der Richter dem Diener und du ins Gefängnis geworfen wirst.
26 Wahrlich, ich sage dir: Du wirst nicht von dort herauskommen, bis du auch den letzten Pfennig bezahlt hast.
27 Ihr habt gehört, dass gesagt ist: Du sollst nicht ehebrechen.
28 Ich aber sage euch, dass jeder, der eine Frau ansieht, sie zu begehren, schon Ehebruch mit ihr begangen hat in seinem Herzen.
29 Wenn aber dein rechtes Auge dir Anlass zur Sünde gibt, so reiß es aus und wirf es von dir! Denn es ist dir besser, dass eins deiner Glieder umkommt und nicht dein ganzer Leib in die Hölle geworfen wird.
30 Und wenn deine rechte Hand dir Anlass zur Sünde gibt, so hau sie ab und wirf sie von dir! Denn es ist dir besser, dass eins deiner Glieder umkommt und nicht dein ganzer Leib in die Hölle geworfen wird.
31 Es ist aber gesagt: Wer seine Frau entlassen will, gebe ihr einen Scheidebrief.

32 Ich aber sage euch: Jeder, der seine Frau entlassen wird, außer aufgrund von Hurerei, macht, dass mit ihr Ehebruch begangen wird; und wer eine Entlassene heiratet, begeht Ehebruch.

33 Wiederum habt ihr gehört, dass zu den Alten gesagt ist: Du sollst nicht falsch schwören, du sollst aber dem HERRN deine Eide erfüllen.

34 Ich aber sage euch: Schwört überhaupt nicht! Weder bei dem Himmel, denn er ist Gottes Thron;

35 noch bei der Erde, denn sie ist seiner Füße Schemel; noch bei Jerusalem, denn sie ist des großen Königs Stadt;

36 noch sollst du bei deinem Haupt schwören, denn du kannst nicht ein Haar weiß oder schwarz machen.

37 Es sei aber eure Rede: Ja, ja! Nein, nein! Was aber darüber hinausgeht, ist vom Bösen.
(Matthäus 5,21-37)

Jesus macht in diesem Teil seiner Rede mit sehr krassen und radikalen Worten deutlich, dass wir alle eigentlich Grund genug haben, traurig über uns selbst zu sein und zu trauern. Er benutzt dreimal das Wort Hölle, spricht vom Gefängnis und vom Bösen. Wer seiner Zuhörer will sich schon ein Auge herausreißen oder die Hand abhauen?! Diese Worte beeindrucken und machen deutlich, wie wichtig ihm das Thema Selbst- und Sündenerkenntnis ist.

Zwei Aspekte machen mir diesen Eifer Jesu verständlich:

Jesus ist Mensch geworden, um das Reich Gottes auf Erden anbrechen zu lassen und den Menschen Gottes Persönlichkeit zu zeigen.

7 Wenn ihr mich erkannt habt, werdet ihr auch meinen Vater erkennen; und von jetzt an erkennt ihr ihn und habt ihn gesehen.
(Johannes 14,7)

Aber vor allem ist er Mensch gewordener Gott, um die Menschen mit Gott zu versöhnen und deshalb stellvertretend für sie zu sterben.

16 Denn so hat Gott die Welt geliebt, dass er seinen eingeborenen Sohn gab, damit jeder, der an ihn glaubt, nicht verloren geht, sondern ewiges Leben hat.
(Johannes 3,16)

Jesus ist es wichtig, dass seine Zuhörer und vor allem seine Jünger die Notwendigkeit für den Kern seiner Mission verstehen. Verstehen aus eigener Betroffenheit und Überzeugung!

19 „Ich erkenne das Böse auch in mir"

Im übertragenen Sinne:

Bevor ich einen anderen Menschen wirklich um Verzeihung bitten kann, um mich zu entschuldigen, muss ich einsehen, dass ich etwas falsch gemacht und diese Person verletzt habe. Wenn mein Gegenüber erkannt hat, dass ich über mein Handeln traurig bin, fällt es ihm leichter, mir von Herzen zu verzeihen. Und dann ist **er** es, der mich anschließend „**ent**-schuldigt".

Jesus möchte uns entschuldigen und trösten.

Der zweite Aspekt betrifft die Aufgabe der Jünger. Jesus will sie als seine Botschafter in die Welt senden, sie sollen Salz und Licht sein.

Dafür ist es für sie notwendige Voraussetzung, dass sie erkennen, wer sie vor Gott sind und wo sie im Verhältnis zu ihm stehen. Dann kann er sie beauftragen und senden.

1 Im Todesjahr des Königs Usija, da sah ich den HERRN sitzen auf hohem und erhabenem Thron, und die Säume seines Gewandes füllten den Tempel.
2 Serafim standen über ihm. Jeder von ihnen hatte sechs Flügel: mit zweien bedeckte er sein Gesicht, mit zweien bedeckte er seine Füße und mit zweien flog er.
3 Und er rief den anderen zu und sprach: Heilig, heilig, heilig ist der HERR der Heerscharen! Die ganze Erde ist erfüllt mit seiner Herrlichkeit!
4 Da erbebten die Türpfosten in den Schwellen von der Stimme des Rufenden, und das Haus wurde mit Rauch erfüllt.
5 Da sprach ich: **Wehe mir, denn ich bin verloren. Denn ein Mann mit unreinen Lippen bin ich, und mitten in einem Volk mit unreinen Lippen wohne ich. Denn meine Augen haben den König, den HERRN der Heerscharen, gesehen. (Selbsterkenntnis, Trauer)**
6 Da flog einer der Serafim zu mir; und in seiner Hand war eine glühende Kohle, die er mit einer Zange vom Altar genommen hatte.
7 Und er berührte damit meinen Mund und sprach: Siehe, dies hat deine Lippen berührt; **so ist deine Schuld gewichen und deine Sünde gesühnt. (Vergebung, Trösten)**
8 Und ich hörte die Stimme des HERRN, der sprach: **Wen soll ich senden**, und wer wird für uns gehen? Da sprach ich: **Hier bin ich, sende mich!**
9 Und er sprach: **Geh hin** und sprich zu diesem Volk … **(Sendung, Beauftragung)**
(Jesaja 6,1-9)

Nachdem wir uns in Beziehung zu Gott erkannt haben, kann Gott uns unsere Sünden vergeben und uns im Sinne der Rede Jesu „trösten". Dann möchte er uns beauftragen und senden.

8 Als aber Simon Petrus es sah, fiel er zu den Knien Jesu nieder und sprach: Geh von mir hinaus! Denn ich bin ein sündiger Mensch, Herr. **(= Selbsterkenntnis, Trauer)**
9 Denn Entsetzen hatte ihn erfasst und alle, die bei ihm waren …
10 … Und Jesus sprach zu Simon: Fürchte dich nicht! **(= trösten)** Von nun an wirst du Menschen fangen **(= beauftragen, senden)**.
(Lukas 5,8-10)

20 „Jesus tröstet und beauftragt"

Also: Jesus will überführen. Ohne im Einzelnen detailliert auf seine Ausführungen bezüglich der drei Gebote einzugehen, bin ich mir sicher, dass seine Worte nicht ohne Wirkung waren und sich auch heute kein Leser freisprechen kann.

Ich habe genug Kirchengemeinden kennen gelernt, um zu wissen, dass es dort, wie in jeder Familie oder jeder anderen Organisation, „menschelt". Es gibt keine Gemeinschaft, in der Menschen zusammenleben, wo nicht jemand „sauer" auf seinen Nächsten ist (Vers 22a). Wer hat nicht schon einmal gedacht: „Der Idiot!" (Vers 22b)?!

Welche verheiratete Frau oder welcher verheiratete Mann könnte von sich sagen, noch nie einen anderen Mann oder eine andere Frau angesehen und begehrt zu haben, und sei es auch nur für einen Moment?!

Und auch wenn wir es im Westen nicht so sehr mit dem Schwören halten wie damals im Orient üblich, ist unsere Rede nicht immer ein kurzes, klares „Ja!" oder „Nein!". Wie oft führen wir große Reden oder machen leere Versprechen?!

Paulus fasst das in seinem Brief an die Römer so zusammen:

10 Da ist kein Gerechter, auch nicht einer;
11 da ist keiner, der verständig ist; da ist keiner, der Gott sucht.
   (Römer 3,10-11)

Das Tröstliche daran ist die Absicht der Worte Jesu. Es geht ihm um Wahrhaftigkeit.

Mit seiner engagierten und emotionalen Rede gibt er uns einen Einblick in Gottes Herz. In seinen Ausführungen zeigt er uns, wie er über Gemeinschaft, Ehe oder gute Kommunikation im Bewusstsein Gottes denkt. Er führt die drei Gebote „Du sollst nicht töten" (Matthäus 5,21-26), „Du sollst nicht ehebrechen" (5,27-32) und „Du sollst den Namen deines HERRN, deines Gottes nicht zu Nichtigem aussprechen" (5,33-37) nicht in dieser Form aus, um sie „zu verschärfen" oder uns niederzudrücken oder die Latte für seine Nachfolger noch höher zu legen. Nein! Das ist nicht seine Absicht, davon bin ich überzeugt! Diese Erkenntnis war für mich sehr wichtig und tröstlich.

Seine Intention ist eine ganz andere. Es geht Jesus um Wahrhaftigkeit. Wahrhaftigkeit uns selbst gegenüber. Und Wahrhaftigkeit im Verhältnis zu Gott. Es geht Jesus darum, dass wir ehrlich mit uns sind. Er möchte uns traurig machen, um uns zu trösten.

9   Fühlt euer Elend und trauert und weint; euer Lachen verwandle sich in Traurigkeit und eure Freude in Niedergeschlagenheit!
(Jakobus 4,9)

Paulus schreibt im 2. Korinther 7,9-10:
9   ... jetzt freue ich mich, ... dass ihr zur Buße betrübt worden seid; denn ihr seid nach Gottes Sinn betrübt worden ...
10 Denn die Betrübnis **(= Trauer)** nach Gottes Sinn bewirkt eine nie zu bereuende Buße zum Heil ..."

Und es geht Jesus um unsere Herzenseinstellung. Die möchte er durch sein Trösten, durch seine Gegenwart, sein Wohnen in uns, seine Liebe zu uns verändern.

Durch diese Veränderung verstehen wir dann auch, mit welcher Liebe und Herzenshaltung er diese drei Gebote erklärt hat. Wir verstehen seine vorgelebte Einstellung zu unseren Mitmenschen und können sie uns mehr und mehr zu eigen machen.

Eine gute, realistische Selbsterkenntnis ist zudem eine wichtige Basis für meine Beziehungen zu anderen Menschen. Menschen mit wenig

Selbsterkenntnis, die die eigenen Schwächen und Fehler nicht sehen, die sich selbst in einem zu positiven Licht betrachten, sind auch schnell dabei, andere zu beurteilen oder zu verurteilen. Sie erwarten zum Beispiel, dass andere Menschen Maßstäbe einhalten, zu deren Einhaltung sie selbst allerdings auch nicht in der Lage sind – sie merken es aber nicht.

21 „Aufrichtig und liebend miteinander"

Jesus ist es wichtig, dass wir unsere Mitmenschen nicht verurteilen und richten. „Richtet nicht, damit ihr nicht gerichtet werdet!", sagt er im weiteren Verlauf seiner Rede (7,1). In diesem Teil seiner Rede (5,21-37) geht er nur indirekt darauf ein. Zu seinem Bruder „Dummkopf!" oder „Du Narr!" zu sagen, heißt ihn verurteilen. Seinem Partner „die Scheidung einzureichen", außer wenn er dich mit einer anderen Person durch Ehebruch betrogen hat, heißt ihn zu richten und zu verurteilen.

23 Wenn du nun deine Gabe darbringst zu dem Altar und dich dort erinnerst, dass dein Bruder etwas gegen dich hat,
24 so lass deine Gabe vor dem Altar und geh vorher hin, versöhne dich mit deinem Bruder; und dann komm und bring deine Gabe dar!
25 Komm deinem Gegner schnell entgegen, während du mit ihm auf dem Weg bist! Damit nicht etwa der Gegner dich dem Richter überliefert und der Richter dem Diener und du ins Gefängnis geworfen wirst.
26 Wahrlich, ich sage dir: Du wirst nicht von dort herauskommen, bis du auch den letzten Pfennig bezahlt hast. (5,23-26)

Jesus möchte, dass wir uns versöhnen, nicht verurteilen. Er möchte nicht, dass wir in Streit leben und in diesem Unfrieden zu ihm beten. Daher sollten wir das „Heute" nutzen, um Dinge zu bereinigen. Hier steht: „... und dich dort erinnerst, dass dein Bruder etwas gegen dich hat." Nicht umgekehrt! Auch dazu brauche ich Selbstreflektion und Selbsterkenntnis. Ich muss merken, wo ich andere verletzt oder mich falsch verhalten habe. Nur dann kann ich der sein, der einen Schritt der Versöhnung auf den anderen zugeht. Jesus erwartet von dir, dass du diesen ersten Schritt gehst. Jesus wünscht sich, dass wir uns dann gegenseitig Vergebung zusprechen. Und wir dürfen uns von Gott Vergebung zusprechen lassen und von ihm getröstet werden.

„Während du auf dem Weg bist" könnte bedeuten, „solange du noch lebst und die Gelegenheit dazu hast". Ich persönlich empfinde es als etwas Befreiendes, in geklärten Beziehungen zu leben. Irgendwann ist es vielleicht zu spät, eine Beziehung zu klären und sich im besten Fall zu versöhnen. Denn eines Tages sind entweder die andere Person oder ich nicht mehr am Leben, oder die Gelegenheit zu einer Klärung besteht nicht mehr.

Die nicht aufgelösten Konflikte in meinem Leben belasten mich, unabhängig davon, ob ich es nicht geschafft habe, einen Lösungsweg zu finden oder mitzugehen, oder ob der andere sich einem Gespräch oder einer Lösung verweigert hat.

„Komm deinem Gegner schnell entgegen ..." verhindert einen ausufernden Konflikt, der dann in der Regel erst „richtig verletzend" und gegebenenfalls sogar vor Gericht entschieden wird. Ein Gerichtsverfahren ist nicht nur nervig und kräftezehrend, sondern es kann auch unangenehm für dich ausgehen, wenn du unterliegst. So kann Nachgiebigkeit letztlich auch „vorteilhaft" sein. – Aber das alles sei hier nur am Rande bemerkt.

Glücklich die Trauernden, denn sie werden getröstet werden
Jesus möchte, dass wir uns selbst aufrichtig und realistisch betrachten und deshalb über uns traurig werden und trauern. Keiner muss jedoch Angst haben, zu Gott zu gehen, weil er sich womöglich selbst für zu schlecht hält. Jesus ermutigt uns, dass wir die Abgründe unserer Seele zugeben. Dann will und wird er uns trösten, zu uns sprechen „Friede sei mit dir!"

und uns gebrauchen und verändern. Jesus beauftragt Menschen, die sich in ihrer Schwachheit erkannt haben. Er beauftragt uns trotz unserer Unvollkommenheit. Was für eine Wertschätzung! Das ist Gnade, gibt uns ehrliche Würde und schenkt aufrichtige Freude.

Paulus schreibt:

9 Und er hat zu mir gesagt: Meine Gnade genügt dir, denn meine Kraft kommt in Schwachheit zur Vollendung.
(2. Korinther 12,9)

Das ist tröstlich!

Meine persönliche Erfahrung

Wenn ich abends in den Sternenhimmel schaue, denke ich oft: „Was ist der Mensch, dass du, Gott, seiner gedenkst?" Wie unbedeutend klein sind wir doch angesichts des uns unendlich scheinenden Universums. Wie kurz ist unsere Lebenszeit hier auf der Erde angesichts der geogeschichtlichen Entwicklung oder der Geschichte der Menschheit. Und dennoch kennt Gott jeden persönlich, noch bevor er geboren wird.

13 Denn du bildetest meine Nieren. Du wobst mich in meiner Mutter Leib.
14 Ich preise dich darüber, dass ich auf eine erstaunliche Weise gemacht bin.
(Psalm 139,13-14)

Er gedenkt meiner und ruft mich bei meinem Namen. Das finde ich überwältigend und mit dem Verstand nicht wirklich zu erfassen. Aber es ist für mich wichtig, da es mich positioniert. Angesichts der Schöpfung und der Größe Gottes „bleibe ich auf dem Teppich", egal, wie gut es mir gerade geht oder wie erfolgreich ich auch sein mag. Es rückt mein Leben in die richtige Relation. Es macht mich dankbar für alles, was mir geschenkt wurde oder ich erreicht habe und verhindert Größenwahn und Übermut. Es macht mir immer wieder deutlich, wie – relativ gesehen – nichtig und unbedeutend mein Leben ist.

Aber da hinein, in diese Bedeutungslosigkeit, spricht Jesus: „Ihr seid das Salz der Erde ... Ihr seid das Licht der Welt." Der unendliche Schöpfergott spricht mich in meiner Nichtigkeit liebevoll an und beauftragt mich. Er gibt meinem Leben eine Bedeutung, jenseits des Überlebens oder des Genusses des Lebens. Das ist wertschätzend, ermutigend und spannend!

Ich bin davon überzeugt, dass dieser Gott es gut meint mit uns Menschen. Mit unserer Erde hat er uns einen erstklassigen Platz eingerichtet. Und er hat uns befähigt, es uns immer bequemer zu machen.

Am Anfang der Bibel wird uns die so genannte Schöpfungsgeschichte erzählt. Gott erschafft den Menschen und setzt ihn in ein perfektes Umfeld:

31 Und Gott sah alles, was er gemacht hatte, und siehe, es war sehr gut.
(1. Mose 1,31)

25 Und sie waren beide nackt, der Mensch und seine Frau, und sie schämten sich nicht.
(1. Mose 2,25)

Mit perfekt meine ich nicht nur die äußeren Umstände, sondern auch gute Beziehungen, die von Vertrauen geprägt sind, völlige Offenheit vor einander, die Abwesenheit von Scham. Gute Beziehung und Vertrauen auch gegenüber dem Schöpfer. Er selbst ist mitten unter ihnen und wandelt bei der Kühle des Tages im Garten (1. Mose 3,8).

Dann kommt der Bruch, die Wende. Sie beginnt mit Misstrauen gegenüber Gott und geht weiter mit Misstrauen und Vorwürfen gegeneinander. „Völlige Offenheit" und „keine Scham" sind dahin. Stattdessen Neid und Eifersucht. Und folgerichtig geschieht bereits im nächsten Kapitel, in 1. Mose 4, der erste Mordfall.

So sieht es aus, bis heute. Misstrauen gegenüber Gott – es geht schon los mit der Frage, ob es ihn überhaupt gibt –, sowie Misstrauen, Neid und Eifersucht unter uns Menschen. Die ganze Geschichte der Menschen mit Gott bzw. Gottes mit den Menschen ist der Versuch, diese Beziehungen wieder in Ordnung zu bringen. Ein Teil dieser Geschichte und Gottes Reden wurden in der Bibel niedergeschrieben.

Für viele sind das alte, verstaubte Geschichten und starre Gesetze. Für mich ist es eine „Gebrauchsanweisung zum Leben". Gott wirbt eifersüchtig um eine vertrauensvolle Beziehung zu uns Menschen und erklärt, wie unser Leben miteinander gelingen kann (Beispiel: Die 10 Gebote oder „Liebe deinen Nächsten wie dich selbst"). Leider sind wir weder in der Lage, Gott bedingungslos zu vertrauen, noch mit unseren Mitmenschen in Gottes Sinne richtig umzugehen. – Hoffnungslos? Ja und Nein.

Hoffnungslos, dass wir es mit Anstrengung schaffen könnten. Dazu sind wir zu geprägt, zu verdorben, zu schwach.

Dennoch Hoffnung! Gott selbst ist in Jesus Mensch geworden. Er hat gefühlt und erfahren, wie es ist, Mensch zu sein, und hat uns gezeigt: „Es geht! – Aber nur mit mir." Jesus bietet uns an, ihm nachzufolgen, mit ihm Gemeinschaft zu haben und uns durch seine Liebe verändern zu lassen. So wie viele gute Ehepaare sich im Miteinander verändern und sich ähnlicher werden, möchte Jesus, dass wir ihm ähnlicher werden. Das ist ein langer Weg, denn wir müssen unsere Gewohnheiten und unseren Charakter verändern (lassen). Wir dürfen uns durch „die Gebrauchsanweisung Bibel", durch Jesu Vorbild und seine Liebe „umprägen lassen". Das gibt Hoffnung, denn so kann Leben miteinander gelingen, und eine vertrauensvolle Beziehung zu Gott und zu anderen ist wieder möglich.

Hoffentlich werde auch ich Jesus ähnlicher. Es wäre schön, wenn die Menschen in meinem Umfeld das so sehen. Doch ich bleibe ein Mensch. Bei allem guten Willen: Ich verstricke mich in Schuld, ich verletze andere Menschen, ich treffe in den Augen anderer ungerechte Entscheidungen. Ich schaffe es nicht, alle Menschen so zu lieben und sie entsprechend zu behandeln, wie Jesus dies tun würde!

Für mich ist es wichtig, mir darüber klarzuwerden, denn das hat Konsequenzen bezüglich meines Denkens über mich selbst und über andere. Wie beim Blick in den Sternenhimmel „bleibe ich auf dem Teppich". Ich bin mir meiner eigenen Unvollkommenheit bewusst. Ich werde jedes Mal traurig, wenn mir klar wird, wieder nicht liebevoll, geduldig und freundlich gehandelt zu haben.

Es ist und bleibt ein Spannungsfeld: Ich weiß, dass ich nie vollkommen sein kann (weil ich ein Mensch bin), und doch bin ich für mein Reden und Handeln verantwortlich. „Ich bin ja auch nur ein Mensch" kann keine Entschuldigung oder Ausrede sein. ENT-SCHULDIGEN kann mich nur Jesus, in seiner Person und seinem Tod am Kreuz. Diese „Entschuldigung" hilft mir, nicht zu verzweifeln oder zu zerbrechen. Ich kann jeden Tag wieder aufs Neue froh anfangen, Jesus nachzufolgen, trotz meines Wissens, dass ich wahrscheinlich auch heute wieder „scheitern werde" – auch wenn ich es vielleicht nicht immer merke oder so empfinde.

In diesem Wissen fällt es mir viel leichter, mit dem „Scheitern" der anderen Menschen umzugehen. Ich weiß, auch sie sind „geprägt, verdorben, schwach". Auch sie brauchen Jesus, um liebevoller zu sein. Ihr Reden und Handeln ist nicht immer das, was Gott sich wünscht oder sich für diesen Menschen gedacht hat.

Das entspannt mich. Ich verurteile manches Reden und Handeln anderer, aber nicht mehr die Person. Ich versuche, sie mit den Augen Jesu zu sehen, der sagt: „Lass dich von mir lieben, kehre von deinem Weg um, denn er ist zerstörerisch, und folge mir nach!" Das hilft mir, nicht nachtragend zu sein oder bitter zu werden. Es tröstet mich.

 ## Erfahrungsbericht von Susanne Kunschert

Tägliche Reflexion
In der bisher größten Krise meines Lebens hat mir Gott klargemacht, dass ich nicht vor ihm bestehen kann und noch vieles tue, was er nicht in Ordnung findet. Er hat mich gelehrt, kritisch auf mich selbst zu blicken, bevor ich auf andere schaue und sie auch noch verurteile! Das war eine schmerzhafte Erkenntnis! Als Gott mir diesen Spiegel vorgehalten hat, war ich sehr traurig über mich selbst, insbesondere über eine negative Eigenschaft, die ich hier nicht genau benennen möchte. Jesus hat mich getröstet und mir Schritt für Schritt geholfen, diese Negativeigenschaft loszulassen. Damals habe ich Gott angefleht, mich zu retten, und da gab er mir folgenden Satz als Gebet: „Herr lehre mich, dich so zu lieben, wie ich einst die Sünde geliebt habe." Diesen Satz habe ich von da an täglich mehrfach gebetet, besonders dann, wenn ich in Versuchung kam, wieder in mein altes Muster zurückzufallen. Es hat etwas gedauert, aber es kam

der Tag, wo ich Gott danken konnte, dass er mich vollkommen von dieser negativen Eigenschaft freigemacht hat.

Durch diese Befreiung bin ich noch näher an sein Herz „gerutscht". Seitdem ich dies verstanden und die enorme Freiheit gespürt habe, die mit dem „Weghobeln" von in Gottes Augen negativen Eigenschaften verbunden ist, wo ich nicht auf seinen Wegen gehe, hoble ich fleißig weiter an mir – und es macht mir große Freude ☺, auch wenn es oft weh tut. So reflektiere ich jeden Abend meinen Tag und wie ich mich verhalten habe und bitte Gott, mir zu vergeben, mich zu lehren und umzuformen. Danach lese ich das Evangelium und schlafe glücklich ein.

Ich bin überzeugt: Das „Hobeln" wird nie aufhören ☺.

Erfahrungsbericht von Marianne Schütze

Ermutigung zur Veränderung

Wenn ich darüber nachdenke, wie Gott mich als sein Geschöpf behandelt, erfüllt mich immer wieder Erstaunen und Ergriffenheit.

Wer ist dieser große Gott, der uns so nah kommt und so liebevoll zu uns spricht?

Wenn Gott seine Worte zu meinem Herzen spricht, dann bin ich oft sehr berührt über die Art und Weise, wie er dies tut:

Nicht herrisch, Ehre fordernd, sondern wie ein Freund, Coach oder Vater. Seine Worte sind so liebevoll und gleichzeitig majestätisch, dass das Zuhören allein mich aufrichtet und mich mit vielen Situationen meines Lebens Frieden schließen lässt.

Während ich Gottes Worte höre, erkenne ich seinen Charakter. Er ist voller Weisheit, Weitsicht und wundervoller Gedanken. Er meint es viel besser mit mir, als ich es mir je erträumen könnte.

Viele Leute haben mich immer wieder gefragt, wie ich Gottes Stimme höre, und man kann darüber viel sagen.

Ich persönlich glaube, dass Gott konstant zu jedem von uns spricht. Wir sind aber oft nicht „online" und achten nicht auf seine Stimme.

Wir erwarten weder, dass er spricht, noch ist unser Herz auf seine Worte vorbereitet.

Es sind Tausende von Radiowellen in einem Raum, aber nur wenn ich ein Radio habe und den entsprechenden Sender anschalte, höre ich die Sendewellen. Ich glaube, ein Schlüssel zum Hören auf Gottes Stimme ist auch, keine Angst oder Vorurteile zu haben, sondern sich einfach darauf einzulassen.

In dem Moment, wo wir ihn proaktiv bitten, mit uns zu sprechen, und eine Antwort erwarten, wird er in individueller Weise zu uns sprechen.

Was mich am meisten fasziniert, ist, dass Gottes Reden immer seine Heiligkeit und Macht zeigt und mich in diesen Sog der Erkenntnis über ihn zieht, aber mich währenddessen spüren lässt, wer ich für ihn bin. Das empfinde ich wie eine „ongoing transformation". Zum Beispiel spricht Gott immer wieder zu mir, dass er mich liebt. Es gab eine Zeit in meinem Leben, da habe ich diesen Satz mehrmals am Tag „in mir gehört" und wurde regelrecht von ihm unterbrochen und angelächelt. Dieser Satz hat alles in eine andere Perspektive gesetzt.

In einem Raum der Annahme vor Gott und dem Bewusstsein, dass ich durch Jesus Christus bereits gerecht gemacht wurde, fällt mir das Umdenken und Mich-Abwenden von falschen Wegen leicht. Es macht das Zugeben und Loslassen von Fehlern erst möglich.

Es ist so, als ob sich Gott mit seinen spiegelnden Worten vor mich hinstellt, mir das Original-Design meines Wesens präsentiert und sagt: „Schau, so habe ich dich geschaffen. Das bist du." Im Angesicht dieser Präsentation falle ich auf meine Knie, bin bestürzt und voller Ehrfurcht. Es ist genau der Moment, der mich erkennen lässt, dass ich eben gerade nicht so bin, wie er es sich gedacht hat. Doch die Tatsache, dass Gott selbst glaubt, dass ich so sein kann, schafft in mir das Vertrauen und die Hoffnung, dass er Recht hat und es die Möglichkeiten zur Veränderung gibt.

Es ist der Moment, in dem ich verstehe, dass Gott charakterlich strahlend schön und perfekt ist und dass ich als sein Eigentum wie er sein soll.

Es lässt mich trauern, weil ich sehe, wie mein Misstrauen ihm gegenüber falsche Entscheidungen und Taten produziert und ich ihn verletzt habe. So konnten viele Segnungen, die aus dieser heilen Beziehung für mich und für andere entstanden wären, nicht sichtbar werden.

Seine freundlichen und in Autorität gesprochenen Worte geben erst den Mut zur Kapitulation. Denn wenn er selbst schon für die Existenz einer Lösung garantiert, ist das Zugeben des Fehlers ja nicht das Ende, sondern der Anfang zur Veränderung.

Der ehrliche Umgang mit Fehlern ist dann kein Verdammnis-Trip, sondern der Start in eine gesunde Beziehung mit Gott und mit mir selbst.

Die alles entscheidende Instanz, der Richter über Gut und Böse, traut mir Veränderung und „seine Gestaltung" zu.

Gott sandte seinen Sohn auf die Erde, und dieser Jesus starb qualvoll an einem Folterinstrument wie dem Kreuz. Diese Investition zur Tilgung meiner Schuld hätte er niemals auf sich genommen, wenn er nicht um die verändernde Macht der Gnade an mir gewusst hätte.

Wenn jemand, der so viel Macht hat, einen so hohen Preis für die Wiederherstellung unserer Beziehung bezahlt, dann sagt das sehr viel über sein Interesse an mir aus. Ich kann meinen Wert für diese Person davon ableiten.

Es verändert, wie ich mich selbst sehe oder mich durch andere beurteilen lasse. Wenn Gott, der Präsident des Universums, *für* mich ist, wer kann dann gegen mich sein? Er definiert meine Identität und meinen Wert. Habe ich dann das Recht, über mich selbst oder jemand andern kleiner zu denken?

Ich darf die Perspektive wechseln, und ich darf mich von ihm und seinen Worten verändern lassen.

Es macht mich mutig und gibt mir ein Empowerment, was seinesgleichen sucht.

III Sehnsucht und Gemeinschaft

6 „Sehnsucht und Gemeinschaft"

Glücklich, die nach Gerechtigkeit hungern und dürsten,
denn sie werden gesättigt werden.

Die meisten Menschen haben ganz tief in ihren Herzen eine Sehnsucht nach Gott, nach Geborgenheit und Liebe, nach Rechtsein vor Gott. Jesus verspricht, diese Sehnsucht in der Gemeinschaft mit ihm zu stillen. Du brauchst nur das Geschenk der (Ge-)Rechtsprechung durch seine Person anzunehmen.

> „Ich bin der Weg, die Wahrheit und das Leben. Niemand kommt zum Vater als nur durch mich." (Johannes 14,6)

Das Thema Gerechtigkeit[3], spezieller unsere Gerechtigkeit vor Gott, ist eines der zentralen Themen des Glaubens und sehr vielschichtig. Um das nun folgende Kapitel besser verständlich zu machen, versuche ich deshalb in wenigen Sätzen eine Art **zusammenfassende Einführung in das Thema „Gerechtigkeit vor Gott"**, bevor wir uns der Rede Jesu zuwenden. Ich bin mir der Schwierigkeit dieses Vorhabens bewusst ☺! Ich stelle es so dar, wie es meinem persönlichen Verständnis entspricht:

Durch das Misstrauen und den Ungehorsam der Menschen gegenüber Gott ist eine tiefe Kluft zwischen Gott und den Menschen entstanden. Dennoch sehnt sich der Mensch nach Gott, und Gott sehnt sich nach den Menschen. Der Mensch kann aber nur Gemeinschaft mit dem heiligen und gerechten Gott haben, wenn er in Gottes Augen gerecht und vollkommen ist. Der Mensch ist aber nicht gerecht und vollkommen.

Um dieses Dilemma aufzulösen, wurde Gott in Jesus Mensch und starb für unsere Schuld und Gerechtigkeit vor Gott am Kreuz. Das Sterben und die Auferstehung Jesu ermöglichen dem Menschen, wieder Gemeinschaft mit Gott zu haben; nicht nur in diesem Leben auf der Erde, sondern in Ewigkeit. Jesus hat unsere Beziehung zu Gott geheilt und uns mit Gott versöhnt. Diese Gerechtigkeit vor Gott ist allein Gottes Werk und seine Gnade. Wir können nichts dafür tun. Wir können sie nur annehmen oder ablehnen. Annehmen heißt, das Erlösungswerk Jesu anzuerkennen und Gemeinschaft mit Gott haben zu wollen. Daraus folgt dann auch ewiges Leben bei Gott. Ablehnen bedeutet, nicht in der Gemeinschaft mit Gott leben zu wollen. Das gilt dann auch für die Ewigkeit. Die Bibel nennt das „den zweiten Tod zu sterben, weil der Name nicht im Buch des Lebens steht".

Unabhängig davon, ob wir unser Leben und die Ewigkeit mit oder ohne Gott verbringen, richtet Gott die Menschen auch bezüglich ihrer Werke. Gott ist es wichtig, wie wir Menschen miteinander umgehen und ob wir nach seinen Maßstäben leben oder nicht. Das wird er uns eines Tages, am Tage des Gerichts, spiegeln. Er wird an diesem Tage jedem einzelnen Menschen gerecht und schafft durch sein Gericht dann auch eine „ausgleichende Gerechtigkeit" zwischen uns Menschen. So mein Verständnis und meine Hoffnung ☺. Unsere Werke und Taten sind Gott wichtig, auch wenn sie nicht bewirken können, vor ihm gerecht dazustehen.

Diese zwei unterschiedlichen Beurteilungen oder Gerichte Gottes werden leider häufig verwechselt oder miteinander vermischt. Vereinfacht könnte man vielleicht sagen, es geht einmal um unsere grundsätzliche Versöhnung mit Gott und einmal um die Beurteilung unserer Werke.

Auch bei der Beurteilung unserer Werke dürfen wir die Vergebung durch Jesus und seine Barmherzigkeit in Anspruch nehmen. Doch wir werden hören, dass Jesus Bedingungen dafür nennt (siehe Kapitel V).

Die Management Summary Jesu lautet nun: „Glücklich, die nach Gerechtigkeit hungern und dürsten, denn sie werden gesättigt werden." In der Rede Jesu auf dem Berg geht es nicht um die Frage oder Beurteilung, ob oder welche unserer Taten und Werke „gerecht sind" oder was wir zwischen uns Menschen als gerecht oder ungerecht empfinden. Jesus geht es in seiner Rede auf dem Berg um unsere Gerechtigkeit vor Gott und unsere Beziehung zu Gott – sowie um die Frage, aus welcher Motivation wir unsere Taten und Werke tun. Sein zweiter Satz zu diesem Thema lautet: „Habt Acht auf eure Gerechtigkeit, dass ihr sie nicht vor den Menschen übt, um von ihnen gesehen zu werden! Sonst habt ihr keinen Lohn bei eurem Vater, der in den Himmeln ist." Allein dieser eine Satz macht sehr deutlich, dass es um unsere Beziehung zu ihm geht. Hintergründig geht es Jesus meiner Meinung nach um das gegenseitige Verlangen nach Gemeinschaft zwischen Mensch und Gott und Gott und Mensch.

22 „Gegenseitiges Verlangen"

Aber starten wir in den Textabschnitt der Rede Jesu auf dem Berg:

48 Ihr nun sollt vollkommen sein, wie euer himmlischer Vater vollkommen ist.
(Matthäus 5,48)

Mit diesem Vers leitet Jesus, gemäß meiner thematischen Einteilung seiner Rede, das Thema Gerechtigkeit ein.

Warum? Warum stellt Jesus diese Forderung gerade an den Anfang?

Denn nach menschlichem Ermessen stellt er eine Forderung, die nicht zu erfüllen ist! Sollte aber Jesus eine Forderung aufstellen, die nicht zu erfüllen ist? Meine Überzeugung ist, dass er das nicht tut, nicht in freier Rede, d. h. wenn er keine Bilder benutzt oder Gleichnisse erzählt. Wie nun sollen wir dieser unmöglichen Forderung nachkommen? Können wir überhaupt „vollkommen sein, wie euer himmlischer Vater vollkommen ist"?

Jesus ist vollkommen wie der Vater im Himmel. Auch wir können vor Gott vollkommen sein, nämlich dann, wenn der Vater im Himmel uns im Angesicht von Jesu stellvertretendem Tod am Kreuz betrachtet. Nur dann sind wir vor Gott vollkommen. Das ist eine der Kernbotschaften des christlichen Glaubens. Wir können für unsere Vollkommenheit, für unsere Gerechtigkeit vor Gott nichts tun. Wir können viel tun, gewiss, und das erwartet Jesus auch von seinen Jüngern. Nichts aber können wir tun, um vor Gott vollkommen und gerecht dazustehen. Das geschieht „allein aus Gnade".

Das ist der große Unterschied zwischen dem Glauben an den Erlöser Jesus Christus und anderen Religionen, wo die Gläubigen sich über das Erfüllen von Regeln und Taten die Seligkeit/Gerechtigkeit/Vollkommenheit verdienen müssen.

Deshalb ist dieser Satz so wichtig und bildet, einem Paukenschlag ähnlich, die Einleitung des Themas Gerechtigkeit. Denn es geht in der Rede Jesu auf dem Berg nicht um das, was *wir* unter Gerechtigkeit verstehen, sondern ausschließlich darum, was *Gott* unter „gerecht sein" versteht. In diesem Sinne geht es in der Rede Jesu um „hungern und dürsten nach Gerechtigkeit", nach der Gerechtigkeit vor Gott.

Der Zugang zu dieser Gerechtigkeit und zur Erfüllung der Verheißung: „denn sie werden gesättigt werden", führt ausschließlich über Jesus.

6 Ich bin der Weg, die Wahrheit und das Leben. Niemand kommt zum Vater als nur durch mich.
(Johannes 14,6)

Dieses Ausrufungszeichen steht sozusagen als Überschrift und Eingangsvoraussetzung vor dem, was folgt.

1 Habt Acht auf eure Gerechtigkeit, dass ihr sie nicht vor den Menschen übt, um von ihnen gesehen zu werden! Sonst habt ihr keinen Lohn bei eurem Vater, der in den Himmeln ist.
2 Wenn du nun Almosen gibst, sollst du nicht vor dir her posaunen lassen, wie die Heuchler tun in den Synagogen und auf den Gassen, damit sie von den Menschen geehrt werden. Wahrlich, ich sage euch, sie haben ihren Lohn dahin.
3 Wenn du aber Almosen gibst, so soll deine Linke nicht wissen, was deine Rechte tut;
4 damit dein Almosen im Verborgenen sei, und dein Vater, der im Verborgenen sieht, wird dir vergelten.
5 Und wenn ihr betet, sollt ihr nicht sein wie die Heuchler; denn sie lieben es, in den Synagogen und an den Ecken der Straßen stehend zu beten, damit sie von den Menschen gesehen werden. Wahrlich, ich sage euch, sie haben ihren Lohn dahin.
6 Wenn du aber betest, so geh in deine Kammer, und nachdem du deine Tür geschlossen hast, bete zu deinem Vater, der im Verborgenen ist. Und dein Vater, der im Verborgenen sieht, wird dir vergelten.
(Matthäus 6,1-6)

Jetzt folgt in den Versen 7 bis 15 weitere Lehre zum Thema Gebet. Ich ziehe die Verse 16 bis 18 als drittes Beispiel vor.

16 Wenn ihr aber fastet, so seht nicht düster aus wie die Heuchler! Denn sie verstellen ihre Gesichter, damit sie den Menschen als Fastende erscheinen. Wahrlich, ich sage euch, sie haben ihren Lohn dahin.
17 Wenn du aber fastest, so salbe dein Haupt und wasche dein Gesicht,
18 damit du nicht den Menschen als ein Fastender erscheinst, sondern deinem Vater, der im Verborgenen ist! Und dein Vater, der im Verborgenen sieht, wird dir vergelten.
(Matthäus 6,16-18)

Die Meinungsführer und -macher zu Lebzeiten Jesu glaubten, man könne sich die Gerechtigkeit vor Gott erarbeiten, indem man bestimmte Regeln einhält. Gegen diesen Irrweg und Irrglauben wendet sich Jesus in dem Teil seiner Rede, wo es darum geht, sich selbst zu erkennen und traurig zu werden. Denn niemand ist vor Gott gerecht oder kann sich seine Gerechtigkeit vor Gott verdienen. Dieser Teil der Rede ging dem aktuellen Abschnitt über Gerechtigkeit voraus.

In diesem Teil seiner Rede geht es Jesus um die Frage: „Wonach hungerst und dürstest du?" Was ist deine Sehnsucht? Was ist dir wichtig oder wichtiger: Ansehen und ein gutes Image vor Menschen? Oder Gemeinschaft mit Gott und der Herzenswunsch, seinen Willen zu tun?

23 „Deine Sehnsucht"

Jesus bringt in seiner Rede drei Beispiele: Almosengeben, Beten, Fasten. Drei Handlungen, die eigentlich Ausdruck meiner Beziehung zu Gott sind oder sein sollten. In der Rede Jesu sind es drei Beispiele für falsches Hungern nach Ansehen (nach „recht sein") bei den Menschen.

In allen drei Beispielen macht Jesus deutlich, dass es für ihn wertlos ist, etwas zu tun, nur damit es von den anderen Menschen gesehen und die Person deshalb „angesehen" und geachtet wird. So sind diese Handlungen leer und tot.

Jesus betont, dass es, wenn wir Almosen geben, beten oder fasten, eine Angelegenheit ausschließlich zwischen Gott und uns sein soll; etwas Intimes. Dann wird Gott es „belohnen", wie immer das aussehen mag. Ich deute die „Belohnung" im Sinne des „sie werden gesättigt werden" (siehe unten).

Jesus macht in allen drei Fällen deutlich, dass Gott „ins Verborgene sieht" und es ihm um die Beziehung zu ihm und um unsere Herzenshaltung geht.

7 Denn der HERR sieht nicht auf das, worauf der Mensch sieht. Denn der Mensch sieht auf das, was vor Augen ist, aber der HERR sieht auf das Herz.
(1. Samuel 16,7)

Jesus und seinem Vater im Himmel geht es um die Herzenshaltung. Das Anti-Bild in diesem Redeabschnitt Jesu sind die Heuchler! Ihr Herzenswunsch ist Ansehen bei Menschen. Jesus sagt: „Habt Acht auf eure Gerechtigkeit, dass ihr sie nicht vor den Menschen übt, um von ihnen gesehen zu werden!" Mit anderen Worten: Macht keine Show! Für wen und warum tust du, was du tust?

Gott möchte nicht, dass die Motivation für dein Tun dein Ansehen, dein Image oder dein Status vor den Menschen ist. Er wünscht sich eine Motivation, die aus der Gemeinschaft mit ihm entspringt, im Verborgenen. Denn dadurch, dass wir durch Jesus vor Gott gerecht sind, können wir Gemeinschaft mit dem heiligen Gott haben. Jesus wünscht sich, dass aus dieser Gemeinschaft die guten Werke entspringen, etwa unser Spenden und unsere Hilfsangebote an andere Menschen.

Glücklich, die nach Gerechtigkeit hungern und dürsten …

Was hier mit dem Ausdruck „nach Gerechtigkeit hungern und dürsten" zusammengefasst ist, ist eigentlich eine Sehnsucht, eine Leidenschaft, die einen Prozess in Gang bringt. Eine Motivation, aufgrund derer du dich auf diesen Weg begibst, könnte gemäß der Rede Jesu so aussehen:

Du glaubst an Gott und sein Wort. Du erkennst dich selbst und wirst traurig über deine Schuld und darüber, dass du vor Gott nicht gerecht bist. Du sehnst dich nach Gerechtigkeit vor Gott, weil das die Voraussetzung ist, Gemeinschaft mit Gott zu haben. Du wirst getröstet und empfängst den Heiligen Geist. Inspiriert durch die Gemeinschaft mit Gott, durch seine Liebe, sehnst du dich nach Gottes Reich und all dem, was er auch zwischenmenschlich unter Gerechtigkeit versteht. Du sehnst dich danach, Gottes Willen zu tun und in deinem Glauben und in deiner Beziehung zu Gott weiter zu wachsen. Und in dieser Beziehung mit Gott wirst du dann „gesättigt" (siehe unten).

Hungern und dürsten nach Gerechtigkeit bedeutet demnach, den Herzenswunsch zu verfolgen, hier und in Ewigkeit Gemeinschaft mit Gott zu haben. Es bedeutet den Wunsch, Gemeinschaft mit Gott zu haben, um von ihm geprägt und verändert zu werden. Es bedeutet das Verlangen, eine Frau oder ein Mann nach dem Herzen Gottes zu sein, ein Mensch, der nach seinem Reich trachtet und seinen Willen tun will. Daraus folgen der Wunsch und das Bemühen, in unserer Gesellschaft und an seinem Nächsten so zu handeln, wie wir Gottes Willen verstanden haben. Und daraus können dann die Taten und Werke erwachsen, die auch wir gegebenenfalls als sozial und gerecht empfinden.

Es geht Jesus um deine innere Einstellung, deine innerste Motivation. Diese Einstellung bestimmt dann deine Prioritäten und damit dein Handeln und Verhalten. Dann ist es egal, wie andere dein Verhalten beurteilen oder ob andere „deine guten Werke" auch als solche wahrnehmen oder anerkennen.

Als Kurzformel könnte man sagen, „hungern und dürsten nach Gerechtigkeit" bedeutet, eine Sehnsucht nach Gemeinschaft mit Gott zu haben, aus der sich dann alles andere ergibt. Um genau das zu ermöglichen, war es die Mission von Jesus, die Gemeinschaft, die durch den Sündenfall zerstört wurde, wiederherzustellen.

… denn sie werden gesättigt werden

„Gesättigt werden" muss dann folgerichtig bedeuten, dass ein Verlangen gestillt, ein Herzenswunsch befriedigt wird. Jesus spricht uns die Vergebung unserer Schuld zu. Unser Wunsch, gerecht vor Gott zu sein, wird durch ihn und sein Erlösungswerk erfüllt. Er tröstet uns. Das Verlangen nach Gemeinschaft mit Gott wird befriedigt. Jesus ist die Tür zur Gemeinschaft mit Gott. Ja, Gott kommt sogar zu uns, kommt in uns hinein.

> 23 Wenn jemand mich liebt, so wird er mein Wort halten, und mein Vater wird ihn lieben, und wir werden zu ihm kommen und Wohnung bei ihm machen.
> (Johannes 14,23)

26 Der Beistand aber, der Heilige Geist, den der Vater senden wird in meinem Namen, der wird euch alles lehren und euch an alles erinnern, was ich euch gesagt habe.
(Johannes 14,26)

Gott wohnt dann durch seinen Geist in uns. Das ist keine Energie, die sich verbraucht. Diese Energie, dieser Geist ist da und hat andauernd Gemeinschaft mit uns. Dein Bewusstsein dafür und deine Kommunikationsfähigkeit wachsen, je mehr du mit ihm redest und ihn in dein Denken und dein alltägliches Tun einbeziehst.

10 Jesus antwortete der samaritischen Frau am Brunnen: „Wenn du die Gabe Gottes kenntest, und wer es ist, der zu dir spricht: Gib mir zu trinken, so würdest du ihn gebeten haben, und er hätte dir lebendiges Wasser gegeben …
14 Wer aber von dem Wasser trinken wird, das ich ihm geben werde, den wird nicht dürsten in Ewigkeit; sondern das Wasser, das ich ihm geben werde, wird in ihm eine Quelle Wassers werden, das ins ewige Leben quillt.
(Johannes 4,10+14)

Die Gemeinschaft mit Gott durch Jesus beginnt hier und heute und geht weiter in Ewigkeit. Du wirst nicht wieder hungrig oder durstig nach Gott, weil du bereits mit ihm zusammen bist. „Gesättigt werden" bedeutet für mich, dass Gott uns tatsächlich in unserem Sein und Tun begegnet, auf unterschiedlichsten Wegen und auf unterschiedlichste Weise, und dass wir seinen Frieden und seine Freude auch emotional spüren können.

„Glücklich, die nach Gerechtigkeit hungern **und** dürsten …"

Warum hungern **und** dürsten?

Ich meine, es ist ein Vorgriff auf das Abendmahl. Das Abendmahl ist die von Jesus eingesetzte symbolische Handlung für unsere Gerechtigkeit vor Gott durch seinen Opfertod am Kreuz – und durch seine Auferstehung. Hungern **und** dürsten, Brot **und** Wein, sein Leib **und** sein Blut. Der neue Bund für Gemeinschaft, wie eine Hochzeit: Das „Ja" zweier sich Liebender.

Wenn ihr aber betet …

24 „Gebet ist Gemeinschaft mit Gott"

 Nun finden wir in diesem Textabschnitt auch noch eine Seminar-Einheit zum Gebet. Warum gerade hier?

Vielleicht deshalb, weil Beten eine innige Form der Gemeinschaft zwischen Mensch und Gott ist. Gott sehnt sich nach dieser Gemeinschaft. Und auch mit Gott reden will gelehrt und gelernt sein.

> 7 Wenn ihr aber betet, sollt ihr nicht plappern wie die von den Nationen; denn sie meinen, dass sie um ihres vielen Redens willen erhört werden.
> 8 Seid ihnen nun nicht gleich! Denn euer Vater weiß, was ihr benötigt, ehe ihr ihn bittet.
> (Matthäus 6,7-8)

Auch hier macht Jesus wieder deutlich, dass Gott ins Verborgene sieht. Gott kennt unsere Absichten, Bedürfnisse und Wünsche. Und hier steht auch, dass wir erhört werden. Ob Gottes Erhörung immer unseren Vorstellungen und Wünschen entspricht, ist eine andere Frage. Doch hier hört ein liebender Vater, der seine Kinder kennt und weiß, was sie benötigen. Diesen Vater brauchen und sollen wir nicht volllabern. Sondern …

9 Betet ihr nun so:
„Unser Vater, der du bist in den Himmeln, geheiligt werde dein Name;
10 dein Reich komme; dein Wille geschehe, wie im Himmel so auch auf Erden!
11 Unser tägliches Brot gib uns heute;
12 und vergib uns unsere Schulden, wie auch wir unseren Schuldnern vergeben haben;
13 und führe uns nicht in Versuchung, sondern errette uns von dem Bösen!"
14 Denn wenn ihr den Menschen ihre Vergehungen vergebt, so wird euer himmlischer Vater auch euch vergeben;
15 wenn ihr aber den Menschen nicht vergebt, so wird euer Vater eure Vergehungen auch nicht vergeben.
(Matthäus 6,9-15)

So wie es beim Thema Gerechtigkeit um Gott und Seine Betrachtungsweise geht, geht es auch beim Beten des Vaterunsers zunächst um Gott. „Unser Vater, der du bist in den Himmeln, geheiligt werde dein Name; dein Reich komme; dein Wille geschehe, wie im Himmel so auch auf Erden!" Unsere Gemeinschaft und unser Gespräch mit Gott starten mit dem richtig ausgerichteten Blick auf ihn.

Die ersten Gebote, die Gott Mose gegeben hat, zeigen den Anspruch Gottes:

2 Ich bin der HERR, dein Gott, ...
3 Du sollst keine anderen Götter haben neben mir.
4 Du sollst dir kein Götterbild machen, ...
5 Du sollst dich vor ihnen nicht niederwerfen und ihnen nicht dienen. Denn ich, der HERR, dein Gott, bin ein eifersüchtiger Gott, der die Schuld der Väter heimsucht an den Kindern, an der dritten und vierten Generation von denen, die mich hassen,
6 der aber Gnade erweist an Tausenden von Generationen von denen, die mich lieben und meine Gebote halten.
7 Du sollst den Namen des HERRN, deines Gottes, nicht zu Nichtigem aussprechen, denn der HERR wird den nicht ungestraft lassen, der seinen Namen zu Nichtigem ausspricht.
(2. Mose 20,2-7)

Im Beten des Vaterunsers, welches sozusagen mit Anbetung startet, halten wir diese Gebote ein und beten gleichzeitig, dass diese Gebote wahr werden. Das ist Gottes Wunsch und Anspruch!

Ich bin davon überzeugt, dass diese Ausrichtung auf Gott gleichzeitig für uns Menschen das Beste ist. Denn seine Gedanken und Weisungen für uns bringen Gutes und ein gelingendes Zusammenleben hervor. Insofern ist das Gebet dann auch ein Gebet um unserer selbst willen und für unsere Mitmenschen. Und in diesem Sinne können wir dann alle zehn Gebote mit der möglichen Übersetzung „du wirst" oder „du wirst nicht" statt „du sollst" oder „du sollst nicht" lesen oder beten. Denn wenn wir eine innige Herzensbeziehung zu Gott haben, dann werden wir ihn verehren und anbeten, dann werden wir (versuchen), seine Gebote (zu) halten und seinen Willen (zu) tun. Als Nachfolger Jesu haben wir den Wunsch, dass Gottes Name geheiligt wird und sein Wille geschieht, nicht nur im Himmel, sondern gerade auch hier auf der Erde, in unserem eigenen Leben, in unserem Umfeld und darüber hinaus. Dann werden wir Gott auch erleben und staunen über die Wunder, die Er wirkt.

Mit „unser täglich Brot gib uns heute" sollen und dürfen wir dann um das bitten, was wir und alle anderen Menschen zum Überleben und zum Leben brauchen. Natürlich weiß Gott, der ins Verborgene sieht, auch diesbezüglich bereits, was wir brauchen. Doch Jesus fordert uns auch an anderer Stelle auf zu bitten. Wer bittet, macht sich etwas bewusst. Und wer bittet und bekommt, ist in der Regel dankbar und dankt dem, von dem er das Erbetene bekommen hat. Er sieht von sich und seinen Bedürfnissen wieder auf Gott, den Geber, Schöpfer und Erhalter.

Nach dem Blick auf den einen Gott und der Bitte bezüglich unserer existenziellen Bedürfnisse und die der anderen, geht es in der Gebetslehre Jesu weiter mit dem Thema Gerechtigkeit und Gemeinschaft:

12 und **vergib** uns unsere Schulden, wie auch wir unseren Schuldnern **vergeben haben** …
14 Denn wenn ihr den Menschen ihre **Vergehungen** vergebt, so wird euer himmlischer Vater auch euch vergeben;
15 wenn ihr aber den Menschen nicht vergebt, so wird euer Vater eure Vergehungen auch nicht vergeben.
(Matthäus 6,12-15)

Auch um unsere Schuld weiß Gott, der ins Verborgene sieht. Doch auch diese sollen wir uns bewusstmachen und Gott um Vergebung bitten. Das ist die Art von Gemeinschaft, die Gott sich mit uns wünscht. Jesu Tod am

Kreuz macht diese innige Gemeinschaft mit unserem Papa im Himmel möglich. Doch dieser Papa möchte, dass wir uns und unser Tun täglich in seiner Gemeinschaft im Spiegel betrachten. Wie ist es dir gegangen mit „Liebe deinen Nächsten wie dich selbst!"? Auch dann dürfen wir traurig oder betroffen werden. Das gibt uns den Impuls und die Energie, etwas von dem am heutigen oder am nächsten Tag wieder in Ordnung zu bringen, falls das möglich ist. Das Schöne ist, dass Gott gnädig und nicht nachtragend ist. Wir können unser Scheitern sozusagen täglich wieder vor sein Kreuz bringen.

Doch bevor wir mit Gott in diesen Spiegel schauen, hat Jesus ein anderes Anliegen: „Wie bist du mit den Menschen umgegangen, die an dir schuldig geworden sind? Konntest du ihnen vergeben oder das Gericht an mich abgeben? Kannst du deinen Groll loslassen?" Gott möchte versöhnt mit uns leben. Doch es ist ihm anscheinend sehr wichtig, dass wir auch versöhnt mit unseren Mitmenschen leben. Denn sonst ist Gemeinschaft nun einmal nicht möglich!

Diese Tatsache ist Jesus so wichtig, dass er sie nach dem Lehrgebet in den Versen 14 und 15 noch einmal wiederholt und damit unmissverständlich betont. Ja, er unterstreicht damit sogar den Voraussetzungscharakter unserer Vergebung den Mitmenschen gegenüber. Gott handelt an uns gnädig, wenn wir gnädig an unseren Mitmenschen handeln und ihre Schuld uns gegenüber loslassen.

Dieses Loslassen und Vergeben ist auch „gesund" für uns. Ich behaupte, dass wir nur dann wirklichen inneren Frieden und Gelassenheit finden können. Andauernde Wut, Hass und Groll machen krank. Gott weiß, was für uns gut ist. Und dieser Friede und diese Gelassenheit ist, wie schon gesagt, die Voraussetzung für echte Gemeinschaft.

„Und führe uns nicht in Versuchung, sondern errette uns von dem Bösen!"

In dieser Bitte geht es vor allem um unsere Schwachheit. Wir können nicht vor Gott gerecht sein. Keiner! Wir brauchen Gottes Hilfe, um ihm treu zu bleiben und nicht „auf Abwege zu geraten". Wir dürfen Gott bitten, uns vor unserer eigenen Schwachheit zu bewahren und uns zu helfen, dass wir nicht in Versuchung geraten, unserer Schwachheit nachzugeben. Dazu brauchen wir Gottes Hilfe.

... sondern errette uns von dem Bösen

Auch hier geht es meiner Meinung nach nicht nur um das Böse, das uns von außen bedroht. Jeder, der ehrlich zu sich selbst ist und schon einmal reflektierend in sich hineingeblickt hat, weiß um die Abgründe seiner eigenen Seele. Auch hier dürfen wir Gott bitten, uns davon zu erretten. Schauen wir doch, wozu der Mensch im negativen Sinne fähig ist. Schauen wir allein in die jüngere deutsche Geschichte der NS-Zeit oder der DDR. Ich behaupte, jeder von uns hat das Potenzial zu einem NS-Verbrecher oder einem Stasi-Mitarbeiter. Wie häufig kommt es auf die äußeren Umstände an. Beim letzten Abendmahl, als Jesus ankündigt, dass ihn einer seiner Jünger verraten würde, fragt ihn **jeder Einzelne**, ob *er* es ist!

21 Und während sie aßen, sprach er: Wahrlich, ich sage euch: Einer von euch wird mich überliefern.
22 Und sie wurden sehr betrübt, und jeder von ihnen fing an, zu ihm zu sagen: Ich bin es doch nicht, Herr?
(Matthäus 26,21-22)

Hat also jemand von uns das Recht, den Verräter zu richten? Jeder von uns hat selbst das Potenzial dazu. Das Richten ist Gottes Aufgabe, nicht unsere.

Daher lädt Jesus uns ein, Gott täglich darum zu bitten, dass wir „nicht in Versuchung geraten und Er uns von dem Bösen erlöst" – vom Bösen in uns und von dem Bösen außerhalb unserer selbst, in der sichtbaren und der unsichtbaren Welt!

Jesus wünscht sich, dass wir gnädig mit den Menschen umgehen, die in eine Versuchung hineingeraten sind und ihr nicht widerstehen konnten. Dieser verständnisvolle Blick wird unserer zwischenmenschlichen Gemeinschaft erneut zugutekommen. Ich meine, das ist die Botschaft der Rede Jesu und Teil des „Hungerns und Dürstens nach der Gerechtigkeit Gottes". Und es ist eine wundervolle Befriedigung zu erfahren, „gesättigt zu werden", gesättigt auch mit innerem Frieden.

Meine persönliche Erfahrung

In Niedersachsen aufgewachsen, war mein Elternhaus eingebettet in die evangelische Landeskirche. Meine Eltern waren in der Ortsgemeinde auch abwechselnd im Kirchenvorstand aktiv, ich selbst habe viele Jahre im Posaunenchor mitmusiziert und häufig den Gottesdienst mitgestaltet. Als Jugendlicher bin ich auch konfirmiert worden und habe dies für mein Alter, so denke ich heute, auch ernst genommen.

So aufgewachsen und erzogen, war es für mich nie eine wirkliche Frage, ob es einen Gott gibt, der Himmel und Erde und auch mich geschaffen hat.

Dennoch habe ich erst einige Jahre später das Evangelium verstanden. Warum musste Jesus auch für mich am Kreuz sterben? Warum war ein solch grausiges Opfer für einen Gott der Liebe notwendig?

Gott ist Liebe und Barmherzigkeit; und er ist gleichzeitig Heiligkeit und Gerechtigkeit. Was genau diese Begriffe in Bezug auf den dreieinen Gott beinhalten, können wir versuchen zu verstehen und zu definieren.

Gott aber ist souverän, er ist, wer er ist, und offenbart uns sein Wesen und seinen Charakter (wenn man das überhaupt so sagen darf) durch sein Wort, sein Handeln, seine Geschichte mit unterschiedlichsten Menschen und durch Jesus Christus, seinen Sohn, den Mensch gewordenen Gott.

Diese Offenbarung zeigt, dass Schuld gegenüber Gott bestraft wird und werden muss. Gott ist ein konsequenter Gott, auch in seiner Heiligkeit.

Aber diese Offenbarung zeigt auch, dass Gott ein liebender und barmherziger Gott ist, der immer wieder auf die Menschen zugeht und versucht, ihnen „Brücken zu bauen".

Dennoch konnte die durch die menschliche Schuld entstandene Trennung zwischen Gott und den Menschen nicht überbrückt und überwunden werden.

Aus diesem Grund ist er einen letzten, lang angekündigten, konsequenten Schritt gegangen und in Jesus selbst Mensch geworden. Und obwohl er als Mensch gegenüber seinem Vater im Himmel ohne Schuld war, ist er bestraft worden wie ein Schuldiger. Ich kann das nur verstehen, wenn ich mir klarmache, dass es in der ganzen Frage und Angelegenheit der Schuld und Bestrafung nur um die Beziehung und Relation zu Gott geht. Nur deshalb konnte er auf beiden Seiten der Beziehung verbindlich handeln und Verantwortung übernehmen. So war es seine souveräne Entscheidung, für uns Menschen – als Mensch Jesus – bezüglich unserer Schuld die Verantwortung zu übernehmen und die Konsequenzen, die er für notwendig erachtete, zu tragen. So hat sich Jesus für uns ans Kreuz nageln lassen, ist gestorben, wurde begraben und ist am dritten Tage auferstanden von den Toten. Damit hat er selbst, nach seinem Willen und in seiner Souveränität, die Trennung zwischen sich selbst und den Menschen überwunden. In diesem Handeln und durch seinen Tod am Kreuz hat er uns gerecht gesprochen; die Bibel spricht auch von „reingewaschen", so dass wir wieder mit dem heiligen Gott Gemeinschaft haben können.

Ich denke, es ist Gott wichtig, dass wir einsehen, „diese Wäsche" auch nötig zu haben – glücklich die Trauernden!

> 21 Und euch, die ihr einst entfremdet und Feinde wart nach der Gesinnung in den bösen Werken,
> 22 hat er aber nun versöhnt in dem Leib seines Fleisches durch den Tod, um euch heilig und tadellos und unsträflich vor sich hinzustellen, ...
> (Kolosser 1,21-22)

Ich maße mir nicht an, das im Tiefsten zu verstehen. Doch ich kann es glauben. Das Zeugnis der Bibel ist für mich glaubwürdig. Und die Erfahrungsberichte anderer Menschen und meine eigenen Erfahrungen mit der Gemeinschaft mit Gott und deren positive Auswirkungen in meinem Leben ermutigen mich, an diesem Glauben festzuhalten.

Das Wissen und die Erfahrung, mit dem heiligen, gerechten, liebenden und barmherzigen Gott Gemeinschaft haben zu können, ist mit Worten kaum zu beschreiben. Es gibt mir (uns Menschen) eine Würde, die vielleicht am besten mit Königskindern in einer Monarchie zu vergleichen ist. Jesus lehrt uns im Vaterunser, dass wir „Lieber Papa im Himmel ..." sagen dürfen. Das bringt eine große Nähe sowie eine liebevolle Herzensbeziehung zum Ausdruck. Eine Liebesbeziehung zwischen Gott und mir, mir und Gott, dem Schöpfer des Himmels und der Erde. Eine solche Liebesbeziehung macht etwas mit meinem Herzen und meinem Selbstwertgefühl.

Im Gleichnis vom „Verlorenen Sohn" sagt der Vater zum älteren Sohn:

31 Kind, du bist allezeit bei mir, und alles, was mein ist, ist dein.
   (Lukas 15,31)

Gott sieht mich als sein Kind, möchte mich glücklich sehen und hält sogar ein Erbe für mich bereit. Das ist die Wahrheit der unsichtbaren Welt, die Realität des Reiches Gottes.

Jesus verspricht in der Seligpreisung, dass wir „gesättigt werden". Er verspricht, dass unser Verlangen nach Gemeinschaft mit Gott befriedigt wird.

Ich erfahre diese Gemeinschaft sehr unterschiedlich. Wenn ich sie bewusst und konzentriert erlebe, werde ich erfrischt und gestärkt oder neu mit seinem inneren Frieden erfüllt. Mir geht das zum Beispiel so, wenn ich in aller Ruhe in der Bibel lese, wenn ich in einer Gebetsgemeinschaft bete, wenn ich einfach nur dasitze, mich entspanne, vor Gott bin und zur Ruhe komme. Oder wenn ich in meinen Gedanken mit Gott spreche oder ihm danke. Oder wenn ich, begleitet von einer guten Band, Anbetungslieder singe. Ich wünsche mir, mir noch mehr Zeit für diese Intimität mit Gott nehmen zu können …

Ein Sonnenstrahl, eine duftende Rose, warmer Wind auf meiner Haut, ein gutes Gespräch mit einem Freund, eine echte Begegnung mit einem anderen Menschen, ein leidenschaftlicher Kuss von meiner Frau – alles dankbare Momente der Güte und Schönheit Gottes.

Ich verstehe die Lehre der Bibel so, dass wir grundsätzlich nur durch Jesus ewiges Leben erlangen können. Im folgenden Text ist das so ausgedrückt, dass „unser Name dann im Buch des Lebens steht". Es ist spannend und interessant, dass dennoch alle Menschen, auch die Nachfolger Jesu, (zusätzlich) nach ihren Werken gerichtet werden, also entsprechend ihres Handelns, unabhängig davon, ob sie die Ewigkeit in Gemeinschaft mit Gott verbringen oder nicht. So verstehe ich es zumindest. Aber nun, für die Werke gibt es andere Bücher …

11 Und ich sah einen großen weißen Thron und den, der darauf saß, vor dessen Angesicht die Erde entfloh und der Himmel, und keine Stätte wurde für sie gefunden.

12 Und ich sah die Toten, die Großen und die Kleinen, vor dem Thron stehen, und Bücher wurden geöffnet; und ein anderes Buch wurde geöffnet, welches das des Lebens ist. Und die Toten wurden gerichtet nach dem, was in den Büchern geschrieben war, nach ihren Werken.

13 Und das Meer gab die Toten, die in ihm waren, und der Tod und der Hades gaben die Toten, die in ihnen waren, und sie wurden gerichtet, ein jeder nach seinen Werken.

14 Und der Tod und der Hades wurden in den Feuersee geworfen. Dies ist der zweite Tod, der Feuersee.

15 Und wenn jemand nicht geschrieben gefunden wurde in dem Buch des Lebens, so wurde er in den Feuersee geworfen.

1 Und ich sah einen neuen Himmel und eine neue Erde; denn der erste Himmel und die erste Erde waren vergangen, und das Meer ist nicht mehr.

2 Und ich sah die heilige Stadt, das neue Jerusalem, aus dem Himmel von Gott herabkommen, bereitet wie eine für ihren Mann geschmückte Braut.

3 Und ich hörte eine laute Stimme vom Thron her sagen: Siehe, das Zelt Gottes bei den Menschen! Und er wird bei ihnen wohnen, und sie werden sein Volk sein, und Gott selbst wird bei ihnen sein, ihr Gott.

4 Und er wird jede Träne von ihren Augen abwischen, und der Tod wird nicht mehr sein, noch Trauer, noch Geschrei, noch Schmerz wird mehr sein: denn das Erste ist vergangen.

5 Und der, welcher auf dem Thron saß, sprach: Siehe, ich mache alles neu. Und er spricht: Schreibe! Denn diese Worte sind gewiss und wahrhaftig.

6 Und er sprach zu mir: Es ist geschehen. Ich bin das Alpha und das Omega, der Anfang und das Ende. Ich will dem Dürstenden aus der Quelle des Wassers des Lebens geben umsonst.

7 Wer überwindet, wird dies erben, und ich werde ihm Gott sein, und er wird mir Sohn/Tochter sein.

8 Aber den Feigen und Ungläubigen und mit Gräueln Befleckten und Mördern und Unzüchtigen und Zauberern und Götzendienern und allen Lügnern ist ihr Teil in dem See, der mit Feuer und Schwefel brennt, das ist der zweite Tod.

(Offenbarung 20,11-15 und 21,1-8)

Der Herzenswunsch, vor Gott bestehen zu können, nach „Gerechtigkeit zu hungern und zu dürsten", ist also auch ein Ausdruck gesunder Gottesfurcht, gerade in Anbetracht eines ewigen Lebens und der Tatsache, dass einmal über jeden – auch über dein Leben! – Gericht gesprochen wird.

Mir persönlich ist es sehr wichtig, dass es einmal ein Gericht geben wird. Ich wäre sehr enttäuscht, wenn Gott nicht Recht sprechen würde. Würdest du mich vor die Wahl stellen, selbst nicht ins Gericht zu kommen, falls alle Menschen nicht gerichtet werden, oder selbst ein Gericht erleiden zu müssen, falls alle Menschen durch ein solches Gericht müssen, würde ich mich für Letzteres entscheiden. Es wäre für mich ein unerträglicher Gedanke, dass sich die Diktatoren dieser Welt nicht auch einmal verantworten müssen. Es ist mir wichtig, und ich freue mich, dass es so kommen wird – so mein Glaube –, dass den Millionen von Menschen, die unschuldig und unfreiwillig unter anderen Menschen gelitten haben, ihr Recht zugesprochen wird, dass einmal „alle Tränen von ihnen abgewischt werden". Um das zu erleben, stehe ich gern auch ein für meine Fehler und unvollkommenen Werke. Gott ist ein gerechter und gnädiger Gott, der die Herzen prüft und kennt. Er ist der Einzige, der zuverlässig bei jedem Menschen beurteilen kann, inwieweit die äußeren Umstände ihn geprägt und geformt haben und wo genau seine persönliche Verantwortung für sein Handeln beginnt. Weil nur er das kann, sollen wir gar nicht erst versuchen, andere Menschen zu richten. Mit Jesus an meiner Seite habe ich keine Angst vor dem sogenannten Jüngsten Gericht, ich freue mich darauf! Obwohl es schrecklich wird, wenn mir all mein Versagen bewusst werden wird. So stelle ich es mir zumindest vor. Vielleicht erspart mir Jesus das auch. Ich weiß es nicht. Aber ich denke, dass meine Barmherzigkeit und Vergebungsbereitschaft gegenüber meinen Mitmenschen hier eine wichtige Rolle spielen wird. Doch letztlich darf ich mich freuen, dass mein Name im Buch des Lebens steht und meine Gemeinschaft mit Gott ganz neue Dimensionen erfahren wird!

„Glücklich, die nach Gerechtigkeit hungern und dürsten, denn sie werden gesättigt werden." Ein schmackhaftes Essen, mit Wasser und einem guten Glas Rotwein, ist für mich eine große Befriedigung, die ich sehr genießen kann. Wieviel mehr und nachhaltig befriedigender ist es, als Königskind Gottes zu leben, mit dem Schöpfer persönlich Gemeinschaft zu haben, die Schuld anderer mir gegenüber loslassen zu können und zu wissen, zu wem ich mit meiner Schuld gegenüber anderen und gegenüber Gott gehen kann!

Erfahrungsbericht von Niklas Stumpp

Gottes Nähe

Gottes Nähe ist für mich zum größten Schatz meines Lebens geworden. Bei allen Schätzen, die ich sammeln kann, konnte mich nichts so erfüllen und zufrieden stellen wie Gottes Gegenwart. Ich versuche daher alles, was ich tue, aus Gottes Gegenwart zu tun. Das bedeutet für mich, dass ich mit dem Bewusstsein lebe, dass Gott ständig bei mir ist. Ich bin Gottes Freund, immer mit Gott verbunden und weiß, dass Gott immer mit mir reden möchte. Auf diesem Fundament möchte ich mein Leben bauen.

Bevor ich mit meinem Tag loslege, verbringe ich morgens Zeit mit Jesus. Manchmal frage ich Gott nach dem Aufstehen: Was denkst du gerade über mich? Wie siehst du mich heute? Wie groß ist heute deine Liebe für mich? Oft gibt mir Gott dann einen Mutmacher mit, der mich stärkt und durch den Tag begleitet.

Es ist nicht schwer, einen Lebensstil der Gegenwart Gottes zu führen, aber es erfordert Training. Und Übung macht den Meister. Meine Muskeln trainiere ich, damit sie stärker werden. Genauso wird Gottes Gegenwart stärker in meinem Leben, wenn ich meine Gedanken trainiere, immer wieder die Aufmerksamkeit auf Gott zu richten. In meinem vollen Alltag begegne ich vielen Dingen, die meine Aufmerksamkeit beanspruchen wollen und meinen Blick von Jesus ablenken. Der Schlüssel ist, zu realisieren: Gott ist immer bei mir. Er macht nie Pause, in mir zu wohnen. Dann muss ich nicht lange suchen, um wieder zu Gott zu finden, denn er ist in meinem Herzen, und mein Geist ist eins mit Gottes Geist. Wenn meine Gedanken zu Sorgen, Ängsten, Ärger oder anderen Dingen wandern, habe ich meine Gedanken trainiert, still zu werden und zurück zu meinem Innersten zu gehen, wo Gottes Geist in mir lebt. Wenn ich zu dem „inneren Ort" von Gottes Gegenwart in mir gehe, dann merke ich, wie meine Sorgen und Nöte verblassen. Er allein ist die Quelle des Lebens, und er hört nie auf, neues Leben, Freude, Frieden, Hoffnung und Liebe in mir hervorsprudeln zu lassen. Alles, was wir jeden Tag brauchen, finden wir allein in Jesus Christus, der durch den Heiligen Geist in uns wohnt. Auch wenn unsere Gedanken immer wieder von ihm abschweifen, können wir uns „zügeln" und unseren Fokus zurück auf sein Leben in uns lenken.

Ich habe einen Unterschied in meinem Leben gespürt, als Gott angefangen hat, mein Denken von meiner Mangel- hin zu seiner Überflussmentalität zu verändern. Ich merkte, dass ich es gewohnt bin, eher auf das zu schauen, was mir fehlt, anstatt Gott für das zu danken, was ich durch ihn habe. Wenn ich mich gestresst fühle, „sehe" ich, dass ich keine Ruhe habe. Bin ich müde/lustlos, „sehe" ich, dass mir Kraft fehlt. Ich „sehe", dass mir Freude, Hoffnung und Glück fehlt. Was wir sehen bzw. wahrnehmen, hat Einfluss auf das, was wir erleben. Durch Jesus gibt es in unserem Leben eine „unsichtbare Realität", in die wir durch Glauben eingetreten sind. Diese unsichtbare Realität ist die Tatsache, dass wir durch Glauben in Christus sind und Christus in uns ist. Der Heilige Geist möchte uns die Augen öffnen, zu „sehen", dass Gott bereits in voller Fülle in uns lebt. In Christus haben wir zu keiner Zeit Mangel. Wir haben überfließendes Leben in Gott, selbst wenn uns von außen betrachtet Dinge fehlen wie Geld, Zeit oder Gesundheit. Unsere äußeren Umstände können verrücktspielen, „innerlich" können wir trotzdem zu jedem Zeitpunkt Gottes Fülle erleben. Der Reichtum an Liebe, Kraft, Weisheit, Hoffnung, Freude und Frieden wohnt in unserem Herzen. Statt mir meinen „Mangel" bewusst zu machen, mache ich mir meinen „Reichtum in Christus" bewusst. Ich halte oft für einen Moment inne und bete: Danke, Jesus, dass deine Liebe mein Herz erfüllt. Oder: Danke, Jesus, dass du jetzt gerade neue Kraft in mir hervorbringst. Danke, Jesus, dass du mir jetzt eine neue Hoffnung für diese Situation schenkst. Es geht nicht darum, dass sich plötzlich alles anders anfühlt, auch wenn das manchmal passiert. Es geht vielmehr darum, dass ich meinen Geist mit Gottes Wahrheit verbinde und aus der Einheit mit Gott mein Leben betrachte und gestalte.

Eine andere Praktik, die ich eingeübt habe und weiter erlerne, ist die, für längere Zeit in Stille vor Gott zu sein. Also auf Gott zu warten und mein Herz vor Gott zur Ruhe kommen zu lassen. Dabei ist die größte Herausforderung für mich, in diesem Zeitraum auch wirklich nichts zu tun. Ich bin es gewohnt, in meiner „stillen Zeit mit Gott" laut zu beten, zu singen oder Bibel zu lesen; Hauptsache irgendwas zu tun. Aber ich habe realisiert, dass ich durch diese Dinge Gott nicht näher kommen kann, als ich ohnehin schon bin. Tatsächlich erlebe ich Gott umso mehr, je weniger ich tue. Gott liebt es, wenn wir uns Zeit nehmen, um schlicht mit ihm zusammen zu sein. Er erwartet nicht irgendeine Performance von uns. Wir müssen uns nicht erst in Gottes Nähe hineinarbeiten oder um seine Aufmerksamkeit kämpfen. Gott ist bereits zu 100 Prozent da, und ich habe bereits seine volle Zuwendung. Ich darf bei Gott ankommen und einfach mit ihm sein. Wenn ich so in Gott ruhe, fühle ich, dass Gott mich „genießt" und er zufrieden mit mir ist. Häufig redet er auch zu mir oder inspiriert einen Gedanken in mir. Ich glaube, Gott wünscht sich, viel mehr zu uns zu sprechen, aber wir selber haben ihm immer so viel zu sagen und nehmen uns keine Zeit, ihm zuzuhören. Wenn wir uns Gott hinhalten und auf ihn warten, hat er endlich die Zeit, die er braucht, um uns tief in unserem Herzen anzusprechen und dort zu berühren, wo wir es gerade brauchen.

Diese „Angewohnheiten", mit Gott Gemeinschaft in meinem Leben zu praktizieren, hat eine große Veränderung in mein Leben gebracht. Sie haben mir geholfen, Gott bewusster im Alltag wahrzunehmen und so seine Nähe und Gegenwart zu realisieren und zu spüren.

Erfahrungsbericht von Joachim Loh

Sponsoring

1 Hütet euch, eure Frömmigkeit vor den Menschen zur Schau zu stellen! Sonst habt ihr von eurem Vater im Himmel keinen Lohn mehr zu erwarten.
2 Wenn du zum Beispiel den Armen etwas gibst, lass es nicht vor dir her mit Posaunen ankündigen, wie es die Heuchler in den Synagogen und auf den Gassen tun, um von den Leuten geehrt zu werden. Ich sage euch: Sie haben ihren Lohn damit schon erhalten.
3 Wenn du den Armen etwas gibst, soll deine linke Hand nicht wissen, was die rechte tut.
4 Was du gibst, soll verborgen bleiben. Dann wird dein Vater, der ins Verborgene sieht, dich belohnen.
(Matthäus 6,1-4; Neue Genfer Übersetzung)

Diese Handlungsempfehlung Jesu erzeugt bei mir einen Konflikt. Als Unternehmer muss ich für meine Produkte werben. Dazu gehört auch „Sponsoring". Die Spenden sollen bei den Empfängern eine große positive Wirkung und Sympathie für unser Unternehmen bei allen andern erzeugen. Das trifft dann auch für mich zu, denn das Unternehmen trägt meinen Namen. Ich posaune somit meine Guttaten heraus.

Habe ich, wenn ich so als Verantwortlicher handele, gemäß Vers 2 meinen Lohn bei Gott damit schon erhalten? Und bin ich dann ein Heuchler?

Gilt nicht da im unternehmerischen Umfeld der Spruch „Tue Gutes – und rede darüber!"? Na ja, diese Aussage stammt von dem Kommunisten Walter Fisch (Mitglied des Bundestages 1949–1953), einem ausgewiesenen Atheisten.

Doch viele Menschen nehmen dies als eine gute Lebensweisheit in den Mund. Die Bibel stellt dagegen: „Hütet euch, eure Frömmigkeit vor den Menschen zur Schau zu stellen!" (Vers 1). Oder anders ausgedrückt: „Tue Gutes und rede **nicht** darüber!"

Wie soll ich mich also verhalten? Welche Werte gelten für mich als Nachfolger Jesu? Schon als junger Unternehmer habe ich darüber nachgedacht und für mich folgende **Handlungswerte** festgelegt:

1. **Tue Gutes und spende!**
2. **Suche als Objekte des Spendenzuflusses überwiegend christlich-missionarische Aufgaben aus**. Ich bin überzeugt, dass durch die Annahme Jesu als Erlöser und Herrn die Menschen sich von innen heraus positiv verändern. Das hat langfristige Wirkung. Hilfen in der Not bei Hunger, Obdachlosigkeit oder Krieg helfen zwar auch, aber immer nur vorübergehend. In diesen Fällen überlasse ich das Spenden eher anderen.
3. **Nimm keinen Einfluss auf die Empfänger mit dem „Druckmittel" Geld**. Wenn, dann bringe ich mich mit meiner Erfahrung und Kompetenz ein, soweit das von den Verantwortlichen der Empfängerorganisation erwünscht ist.
4. **Gib freudig!** Darauf liegt die Verheißung nach 2. Korinther 9,7: „Jeder soll für sich selbst entscheiden, wie viel er geben möchte, und soll den Betrag dann ohne Bedauern und ohne Widerstreben spenden. Gott liebt den, der fröhlich gibt."
5. **Lege Wert darauf, dass dein Name möglichst nicht im Zusammenhang mit Spenden öffentlich genannt wird**. (Wovon ich hier eine Ausnahme mache, um dem Leser eine konkrete Hilfe zu geben.) Viele Empfänger wollen ihre Gönner gern öffentlich nennen, um sich damit zu profilieren und ihre Vertrauenswürdigkeit zu untermauern. Trotzdem halte ich es für besser, im Stillen zu handeln.

Nun zur anderen Seite der Zusagen Jesu: „Dann wird dein Vater, der ins Verborgene sieht, dich belohnen." Das kann ich bestätigen. Gott hat mein Leben reich gesegnet. Viel geben macht nicht arm! Wertschätzung erfährt man auch von Gott. So ist man nicht auf Menschen angewiesen, die enttäuschen können.

IV Lebensausrichtung und Lebensfreude

7 „Lebensausrichtung und Lebensfreude"

Glücklich, die reinen Herzens sind, denn sie werden Gott schauen.

Wenn du Gottes leidenschaftlicher Liebe antwortest, in seiner Liebe verwurzelt bist und deshalb in Gemeinschaft mit Jesus lebst und seinen Willen als Prio 1 setzt, wirst du ihn immer besser kennenlernen und tiefe Lebensfreude empfinden.

> „Denn der HERR, dein Gott, ist ein verzehrendes Feuer, ein eifersüchtiger [leidenschaftlich liebender] Gott." (5. Mose 4,24)

In diesem Vers aus 5. Mose wird Gott mit einem leidenschaftlich liebenden Liebhaber verglichen, der es nicht ertragen kann und auch nicht duldet, wenn seine Geliebte fremdgeht (siehe 5. Mose 4).

Jesus macht in dem folgenden Abschnitt seiner Rede deutlich, dass wir uns entscheiden müssen, ob wir diese Liebe erwidern wollen oder nicht. Dieser eifersüchtigen, leidenschaftlichen Liebe genügt nicht „ein bisschen". Nein, dieser Gott möchte „die erste Geige in unserem Leben spielen", oder besser, um in diesem Bild zu bleiben, „der Dirigent unseres Lebens sein". Er möchte nicht, dass wir, in Antwort auf seine Liebe, ein wenig mit ihm flirten. Er möchte unsere ganze Liebe, unser ganzes Herz und unser volles Vertrauen. Er ist treu und zuverlässig.

19 Sammelt euch nicht Schätze auf der Erde, wo Motte und Fraß [Korrosion] zerstören und wo Diebe durchgraben und stehlen;
20 sammelt euch aber Schätze im Himmel, wo weder Motte noch Fraß [Korrosion] zerstören und wo Diebe nicht durchgraben noch stehlen!
21 Denn wo dein Schatz ist, da wird auch dein Herz sein.
22 Die Lampe des Leibes ist das Auge; wenn nun dein Auge klar ist, so wird dein ganzer Leib licht sein;
23 wenn aber dein Auge böse ist, so wird dein ganzer Leib finster sein. Wenn nun das Licht, das in dir ist, Finsternis ist, wie groß die Finsternis!
24 Niemand kann zwei Herren dienen; denn entweder wird er den einen hassen und den anderen lieben, oder er wird einem anhängen und den anderen verachten. Ihr könnt nicht Gott dienen und dem Mammon.
25 Deshalb sage ich euch: Seid nicht besorgt für euer Leben, was ihr essen und was ihr trinken sollt, noch für euren Leib, was ihr anziehen sollt! Ist nicht das Leben mehr als die Speise und der Leib mehr als die Kleidung?
26 Seht hin auf die Vögel des Himmels, dass sie weder säen noch ernten, noch in Scheunen sammeln, und euer himmlischer Vater ernährt sie doch. Seid ihr nicht viel wertvoller als sie?
27 Wer aber unter euch kann mit Sorgen seiner Lebenslänge eine Elle zusetzen?
28 Und warum seid ihr um Kleidung besorgt? Betrachtet die Lilien des Feldes, wie sie wachsen: Sie mühen sich nicht, auch spinnen sie nicht.
29 Ich sage euch aber, dass selbst nicht Salomo in all seiner Herrlichkeit bekleidet war wie eine von diesen.
30 Wenn aber Gott das Gras des Feldes, das heute steht und morgen in den Ofen geworfen wird, so kleidet, wird er das nicht viel mehr euch tun, ihr Kleingläubigen?
31 So seid nun nicht besorgt, indem ihr sagt: Was sollen wir essen? Oder: Was sollen wir trinken? Oder: Was sollen wir anziehen?
32 Denn nach diesem allen trachten die Nationen; denn euer himmlischer Vater weiß, dass ihr dies alles benötigt.

33 Trachtet aber zuerst nach dem Reich Gottes und nach seiner Gerechtigkeit! Und dies alles wird euch hinzugefügt werden.
34 So seid nun nicht besorgt um den morgigen Tag! Denn der morgige Tag wird für sich selbst sorgen. Jeder Tag hat an seinem Übel genug.
(Matthäus 6,19-34)

In diesen Versen der Rede Jesu auf dem Berg geht es um unsere Herzenseinstellung im Sinne der Lebensausrichtung. Was hat in deinem Denken und Trachten die erste Priorität?

Jesus kommt uns in seiner Rede liebevoll entgegen. Er geht auf drei grundsätzliche Ursachen in unserem Leben ein, die uns davon abhalten können, dass unsere Herzen ganz auf Gott ausgerichtet sind und er unser Denken und Handeln bestimmt.

- (Zu viel) Besitz oder das Sammeln von Schätzen;
- Neid oder Gier nach mehr Besitz, wie andere ihn haben;
- Armut, zu wenig Besitz oder Sorgen.

Nun der Reihe nach:

(Zu viel) Besitz oder das Sammeln von Schätzen

25 „Hindernis I: Zu viel Besitz oder das Sammeln von Schätzen"

Jesus beginnt mit dem Sammeln von Schätzen auf Erden, also vordergründig mit dem Trachten nach materiellem Wohlstand und Reichtum. Er kennt uns Menschen und weiß, was bei vielen von uns an erster Stelle steht. Aus diesem Grund stellt er gleich zu Beginn die beiden Sphären – „Schätze sammeln auf Erden" gleich „Trachten nach Wohlstand" sowie „Schätze sammeln im Himmel" gleich „Trachten nach dem Reich Gottes" – einander gegenüber.

„Sammelt euch nicht Schätze auf der Erde, wo Motte und Fraß zerstören und wo Diebe durchgraben und stehlen; … denn **wo dein Schatz ist, da wird auch dein Herz sein.**"

Unsere Schätze müssen nicht nur Geld oder Besitz sein. Wir können auch Schätze sammeln wie Titel, Funktionen, nützliche Beziehungsnetzwerke, Auszeichnungen, Qualifikationen, Wissen, Ruhm und Anerkennung. Diese Schätze geben mitunter Ansehen oder verleihen Identität. Sie können Gefühle wie Freude und Dankbarkeit auslösen, aber auch Haltungen wie Stolz und Hochmut. Insbesondere mit Eigentum ist eine Menge verbunden: Verantwortung, Schutz und Pflege. Vor allem neigen wir dazu, uns um seinen Erhalt Sorgen zu machen.

Unser Tun, unsere Gedanken und unser Trachten kreisen schnell um unsere Schätze; insbesondere um Schätze, die gestohlen, wertlos oder zerstört werden können.

Das weiß Jesus. Und wo unser Schatz ist, da ist auch schnell unser Herz. Deshalb warnt Jesus uns davor, in unserem Leben irdische Schätze zu sammeln. Denn dann besteht die Gefahr, dass unser Herz bei unseren Schätzen und nicht mehr bei Gott ist. Und diesen Platz beansprucht nun einmal Er.

Jesus ist die Spannung und Schwierigkeit klar: Je mehr wir haben, umso schwieriger wird es, Gott gegenüber die richtige Herzenshaltung zu bewahren. Deshalb sagt er in Matthäus 19:

23 Wahrlich, ich sage euch: Schwer wird ein Reicher in das Reich der Himmel hineinkommen.
24 Wiederum aber sage ich euch: Es ist leichter, dass ein Kamel durch ein Nadelöhr geht, als dass ein Reicher in das Reich Gottes hineinkommt.

Diesem Ausspruch geht eine Begegnung mit einem jungen Mann voraus, der sehr wohlhabend gewesen sein muss. Jesus testet seine Lebensausrichtung und seine Herzenshaltung, indem er ihn auffordert, auf all seinen Besitz zu verzichten und ihm nachzufolgen.

22 Als aber der junge Mann das Wort hörte, ging er betrübt weg, denn er hatte viele Güter.
(Matthäus 19,22)

Ein hartes Assessment-Center[4]. Wer würde es bestehen?

Das fragten sich auch die Jünger Jesu:

25 Als aber die Jünger es hörten, gerieten sie ganz außer sich und sagten: Wer kann dann errettet werden?
(Matthäus 19,25)

Aber auch hier sprengt Jesus unser lineares Schwarzweiß-Denken und antwortet:

26 Bei Menschen ist dies unmöglich, bei Gott aber sind alle Dinge möglich.
(Matthäus 19,26)

Das gibt Hoffnung und Raum, auch denen von uns, die viel besitzen – Unternehmern zum Beispiel. Doch wenn wir es ehrlich betrachten, gehören alle Menschen in den hoch entwickelten Volkswirtschaften dazu; auf jeden Fall die allermeisten Bürgerinnen und Bürger in Deutschland, nicht nur die Unternehmer. Daher ist dieses Spannungsfeld zwischen unserem Reichtum und dem durch die Medien geförderten Wunsch nach „immer mehr" auf der einen Seite und dem Anspruch Jesu und seines Vaters im Himmel nach leidenschaftlicher Liebe und Aufmerksamkeit auf der anderen Seite vielleicht die größte Herausforderung für uns Menschen in der westlichen Welt.

Ein ganz entscheidender Punkt in dieser Herausforderung ist die Frage, was letztendlich unsere Identität ausmacht: Definieren wir unser Ich und unseren Wert über unsere Schätze, über unseren Besitz und andere Statussymbole oder gesellschaftlich anerkannte Werte (Positionen in Unternehmen, akademische Grade etc.)? Oder sind wir „in Gottes Liebe gewurzelt und gegründet", wie Paulus es im Brief an die Epheser im dritten Kapitel ausdrückt? Wenn unsere Identität darin begründet ist, dass wir geliebte Kinder Gottes und Beauftragte Jesu sind, um in dieser Welt „Licht und Salz zu sein", dann, so denke ich, ist die Versuchung weniger stark oder die Wahrscheinlichkeit geringer, dass „unser Herz gestohlen wird".

Neid oder Gier nach mehr Besitz, wie andere ihn haben

26 „Hindernis II: Neid oder Gier nach mehr Besitz, wie andere ihn haben"

Bei Menschen, die andere um ihren Wohlstand oder sonst etwas beneiden, äußert sich in ihrem Neid das, wonach sie trachten. Deshalb lehrt Jesus den Absatz über „das Auge".

22 Die Lampe des Leibes aber ist das Auge; wenn nun dein Auge klar ist, so wird dein ganzer Leib licht (hell) sein;
23 wenn aber dein Auge böse ist, so wird dein ganzer Leib finster sein.
   (Matthäus 6,22-23)

„Böses Auge" ist im Hebräischen ein Ausdruck für „Neid".

In Matthäus 20,15, im Gleichnis von den Arbeitern im Weinberg, die alle den gleichen Lohn empfangen, heißt es: Oder **blickt dein Auge böse**, weil ich so gütig bin?

Neben dem Misstrauen gegenüber Gott ist Neid eine der Ur-Untugenden des Menschen (siehe „Sündenfall", 1. Mose 3; „Kain und Abel", 1. Mose 4). Misstrauen und Neid sind negative Herzenshaltungen, die zerstörerisch wirken.

„Klares Auge" bedeutet: schlicht und einfältig, offen, gerade auf Gott ausgerichtet, nicht berechnend oder auf Gewinn spekulierend, vor allem nicht neidisch oder gierig nach „immer mehr" zu sein! Gott ist Licht. Ein helles, klares Auge blickt voll Vertrauen auf Gott, ohne Neid und Habgier (die Gier, etwas haben zu wollen). Wo Gottvertrauen abwesend ist oder Neid und Habgier regieren, ist Finsternis!

Neid ist also auch eine Art von Misstrauen gegenüber Gott: Ich vergleiche mich mit anderen und vertraue Gott nicht, dass er es gut mit mir meint. Ich bin undankbar gegenüber Gott, nicht zufrieden mit dem, was ich habe, oder mit dem Zustand, in dem ich lebe.

Ein „böses, finsteres Auge" ist somit gleichbedeutend mit einem „unreinen Herzen". In diesem Herzen „wohnt" der Neid und nicht Gott. Die Beziehung zu Gott, sein Wesen und seine Liebe haben keinen oder zu wenig Raum. An dieser Stelle polarisiert Jesus und macht ganz deutlich:

> 24 Niemand kann zwei Herren dienen; denn entweder wird er den einen hassen und den anderen lieben, oder er wird einem anhängen und den anderen verachten. Ihr könnt nicht Gott dienen und dem Mammon. (Matthäus 6,24)

Auch Neid und Habsucht oder das Verlangen, „Schätze zu sammeln", scheinen „leidenschaftliche Liebhaber" zu sein. Jesus macht deutlich: Wir müssen – oder besser: wir werden – uns für einen Liebhaber entscheiden.

Armut, zu wenig Besitz oder Sorgen

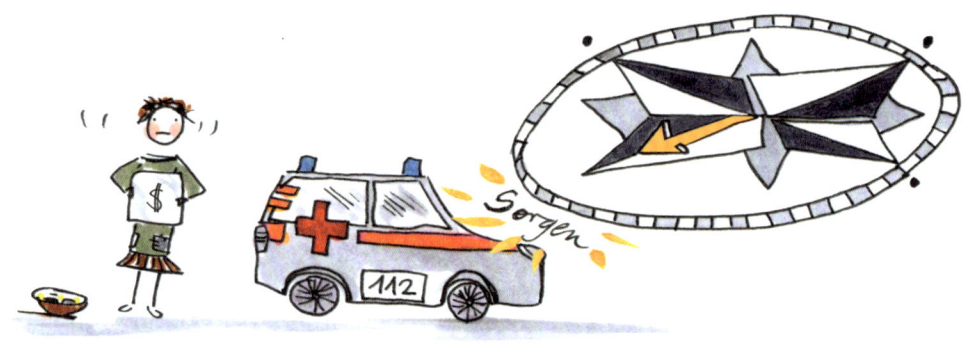

27 „Hindernis III: Armut, zu wenig Besitz oder Sorgen"

 Heute, wie auch zu den Zeiten Jesu, gibt es Armut. Je ärmer ein Mensch ist, desto mehr drehen sich seine Gedanken um seine existenziellen Grundbedürfnisse: Essen, Trinken, Kleidung, Wohnen, Sicherheit. Auch darum weiß Jesus und greift dies in seiner Rede auf. Er versucht diese Menschen sehr ausführlich zu motivieren, sich keine Sorgen um diese Dinge zu machen. Dass wir uns keine Sorgen machen sollen, heißt für mich nicht, dass wir uns nicht um unsere existenziellen Grundbedürfnisse kümmern sollen oder nicht hart dafür arbeiten dürfen. Sorgen machen bedeutet, dass mich die Angst um das Eintreffen oder Ausbleiben eines Ereignisses so sehr beschäftigt, dass es mich gedanklich gefangen nimmt und mich mental „herunterzieht". Dann handelt es sich gewissermaßen um einen virtuellen Schatz, der mich stark beansprucht und mein Herz einnimmt. Jesus möchte, dass Gott diesen Platz bekommt und wir, auch in Armut oder wenn wir in Problemen stecken, auf ihn vertrauen. Deshalb fordert Jesus uns auf und heraus:

> 25 Seid nicht besorgt für euer Leben, was ihr essen und was ihr trinken sollt, noch für euren Leib, was ihr anziehen sollt! Ist nicht das Leben mehr als die Speise und der Leib mehr als die Kleidung?
> (Matthäus 6,25)

Jesus weiß, was wir alles zum Leben brauchen. Wirkliches Leben ist jedoch mehr als das Stillen dieser Bedürfnisse, sei dieses „Stillen" noch so existenziell oder noch so luxuriös. Jesus erwähnt in dem sich anschließenden Vergleich den König Salomo. Niemand war je wieder so reich und wohlhabend wie er. Doch auch so ein immenser Reichtum ist für Gott unbedeutend und bringt der Person kein „wahres Leben". Leben mit Gott ist mehr!

Jesus weiß, was wir Existenzielles zum Leben brauchen. Und er sagt uns zu, dass auch „euer himmlischer Vater weiß, dass ihr dies alles benötigt" (Matthäus 6,32). Er möchte nicht, dass das Verlangen nach diesen notwendigen, aber äußerlichen Dingen uns völlig in Besitz nimmt.

> 31 So seid nun nicht besorgt, indem ihr sagt: Was sollen wir essen? Oder: Was sollen wir trinken? Oder: Was sollen wir anziehen?
> 32 Denn nach diesem allen trachten die Nationen; denn euer himmlischer Vater weiß, dass ihr dies alles benötigt.
> 33 Trachtet aber zuerst nach dem Reich Gottes und nach seiner Gerechtigkeit! Und dies alles wird euch hinzugefügt werden.
> (Matthäus 6,31-33)

„Nach etwas trachten" bringt zum Ausdruck, wie ich mit Leidenschaft nach etwas suche, mich nach etwas ausrichte, mich anstrenge, etwas zu erreichen. Nach etwas trachten heißt, zielgerichtet ein Verlangen zu befriedigen. Ein Verlangen ist etwas, was in meinem Herzen, in meiner Seele ist. Und genau hier möchte Gott den ersten Platz geschenkt bekommen. Er möchte, dass wir an erster Stelle nach seiner Königsherrschaft und nach Gemeinschaft mit ihm trachten! Und er verspicht uns, dass er dann für alle anderen (notwendigen) Dinge sorgt (Matthäus 6,33)!

„Trachtet aber **zuerst** nach dem Reich Gottes und nach seiner Gerechtigkeit!" Tröstlich an diesem Wort Jesu ist wiederum, dass dort nicht steht, dass wir **ausschließlich** nach dem Reich Gottes und seiner Gerechtigkeit trachten sollen. Gott ist in Jesus Mensch geworden. Er ist nicht weltfremd. Er verlangt nichts Unrealistisches. Wir dürfen auch nach anderen Dingen trachten; aber eben mit der gebotenen Priorität und Herzenseinstellung. Ja, meiner Meinung nach müssen wir sogar nach anderen Dingen trachten, schlicht um zu überleben (Verlangen nach Essen und Trinken, Wohnen, Sicherheit) oder um unserer Verantwortung in unserer Gesellschaft gerecht werden zu können. Doch Gott möchte den **ersten Platz in unseren**

Herzen haben; er möchte, dass wir ihn und seine Wünsche und Gedanken in alle anderen Aspekte unseres Lebens und Seins mit hineinnehmen.

Auch in dieser Botschaft liegt eine Spannung, denn es ist selbstredend, dass ein hungriger und durstiger Mensch ein großes Verlangen nach Essen und Trinken hat. Oder ein Flüchtling nach Wohnen und Sicherheit. Doch auch für diese soll gelten: „Trachtet aber **zuerst** nach dem Reich Gottes." Vielleicht ist es Jesus auch aus diesem Grund ein so großes Anliegen, dass wir Menschen, die viel Besitz haben und in der Lage sind, anderer Menschen mangelnde Grundbedürfnisse zu befriedigen, dieses tun! Denn wenn die existenziellen Grundbedürfnisse dieser Bedürftigen befriedigt sind, fällt ihnen das „Trachtet aber **zuerst** …" sicherlich deutlich leichter.

Sammelt euch aber Schätze im Himmel …

39 „Der Schätzesammler"

Nun kommen wir endlich zum Schätzesammeln ☺.

„Sammelt euch aber Schätze im Himmel, …!"

Was meint Jesus damit, und wie geht das? Welche Währung zählt im Himmel?

Das hat auch zu Zeiten Jesu die Menschen bewegt. Wie wird das Reich der Himmel sein, wenn diese Erde vergangen oder zumindest unser Leben zu Ende ist? Wer wird wichtig und mächtig sein im Reich der Himmel? Im Matthäus-Evangelium kann man viel dazu nachlesen. Ich habe den Eindruck, die Jünger hatten damals noch nicht verstanden, dass das Reich der Himmel mit Jesus „nahe gekommen ist" und schon hier auf Erden angebrochen ist. Bei meinen Ausführungen möchte ich mich heute aufs „Schätzesammeln" beschränken.

„Sammelt euch aber Schätze im Himmel, …!"

Jesus verweist in seiner Rede mehrfach auf einen „Lohn beim Vater im Himmel", so in Kapitel 6 in den Versen 1, 5, 6 und 16, und zwar immer in dem Sinne, dass wir das, was wir tun, mit der rechten Herzenshaltung „vor Gott und nicht vor den Menschen" tun. Jesus nennt in seiner Rede auf dem Berg nur drei Beispiele, nämlich Spenden, Beten und Fasten, da es ihm in dem Kontext um „religiöse Handlungen" geht. Gerade bei den „religiösen Handlungen" ist ihm die Herzenshaltung wichtig. Er verabscheut Heuchelei. Meiner Meinung nach gilt dieses Prinzip, die Dinge mit der Jesus-gemäßen Herzenshaltung zu tun, jedoch für all unser menschliches Tun. Paulus schreibt im Kolosserbrief:

> 23 Was ihr auch tut, arbeitet von Herzen, als würdet ihr es für Gott tun und nicht für die Menschen.
> (Kolosser 3,23)

„Erledige deine Angelegenheiten mit der richtigen Herzenshaltung. Mach das, was du tust, so, dass es in Gottes Sinne ist. Arbeite so und geh so mit den anderen Menschen um, als würdest du es direkt für Gott oder in seinem Auftrag tun."

Die „Lebensfrage" von Pastor Niemöller bringt das so zum Ausdruck: „Was würde Jesus dazu sagen?" Wie würde er an deiner Stelle entscheiden? Wie würde er an deiner Stelle handeln? Englisch: „**W**hat **W**ould **J**esus **D**o?" Und um sich an diese Frage zu erinnern und sich gemäß der Antwort zu verhalten, tragen manche Christen Armbänder mit den Buchstaben WWJD. Genau darum geht es.

Die Handlungen, die mit dieser Haltung getan werden, sammeln Schätze im Himmel und „zahlen auf unser himmlisches Konto ein". Warum? Weil es unterm Strich um Verhalten geht, welches durch Liebe motiviert ist. Gott ist Liebe, und Jesus handelt in und aus Liebe. Die Währung, die im Himmel einen Wert hat, heißt LIEBE.

28 „Himmlische Bank"

4 Die Liebe ist langmütig, sie ist gütig; die Liebe neidet nicht; die Liebe tut nicht groß, sie bläht sich nicht auf,
5 sie gebärdet sich nicht unanständig, sie sucht nicht das Ihrige, sie lässt sich nicht erbittern, sie rechnet Böses nicht zu,
6 sie freut sich nicht über die Ungerechtigkeit, sondern sie freut sich mit der Wahrheit,
7 sie erträgt alles, sie glaubt alles, sie hofft alles, sie erduldet alles.
8 **Die Liebe vergeht niemals**.
   (1. Korinther 13,4-8)

Die Liebe zählt, und die Liebe bleibt! Das Lied „Love Remains" von Jon Thurlow bringt diese Tatsache für mich sehr hingebungsvoll zum Ausdruck. Oder das deutsche Lied von CAE, „Was uns bleibt":

„Was uns bleibt von unserm Lebenstanz,
ist nicht das Lachen, nicht die Lust, die Schönheit und der Glanz!
Was uns bleibt von unserm Lebensfleiß, ist nicht die Arbeit, nicht der Lohn, die Mühe und der Schweiß!
Die Liebe bleibt!
Was wir aus Liebe tun, das bleibt bestehen,
auch wenn es still geschieht und ungesehen.
Wenn es nur Liebe ist, die uns hier treibt.
Die Liebe bleibt!"

Was wir aus Liebe getan haben, wird Bestand haben; zumindest in Gottes Augen.
So gibt es auch noch eine andere Bibelstelle, wo Jesus Verhalten ausdrücklich lobt und eine Belohnung damit verbindet:

31 Wenn aber der Sohn des Menschen kommen wird in seiner Herrlichkeit, und alle Engel mit ihm, dann wird er auf seinem Throne der Herrlichkeit sitzen;
32 und vor ihm werden versammelt werden alle Nationen, und er wird sie voneinander scheiden, gleichwie der Hirt die Schafe von den Böcken scheidet.
33 Und er wird die Schafe zu seiner Rechten stellen, die Böcke aber zur Linken.
34 Dann wird der König zu denen zu seiner Rechten sagen: Kommt her, Gesegnete meines Vaters, ererbet das Reich, das euch bereitet ist von Grundlegung der Welt an;
35 denn **mich hungerte, und ihr gabt mir zu essen; mich dürstete, und ihr gabt mir zu trinken; ich war Fremdling [Anmerkung: Flüchtling], und ihr nahmt mich auf;**
36 **ich war nackt, und ihr bekleidetet mich; ich war krank, und ihr besuchtet mich; ich war im Gefängnis, und ihr kamt zu mir.**
37 Dann werden die Gerechten ihm antworten und sagen: Herr, wann sahen wir dich hungrig und speisten dich? Oder durstig und gaben dir zu trinken?
38 Wann sahen wir dich als Flüchtling und nahmen dich auf? Oder nackt und bekleideten dich?
39 Wann sahen wir dich krank oder im Gefängnis und kamen zu dir?
40 Und der König wird antworten und zu ihnen sagen: Wahrlich, ich sage euch, was ihr einem dieser meiner geringsten [Schwestern und] Brüder getan habt, habt ihr mir getan.
(Matthäus 25,31-40)

Was Jesus hier lobt, sind gerade **keine** religiösen Handlungen. Die Menschen, die Jesus hier erwähnt, haben diese Werke nicht bewusst „für Jesus" getan. Aber in seinem Sinne, aus Liebe zu anderen Menschen. Ihre Herzenshaltung gegenüber den anderen Menschen war die, die Gott sich von uns wünscht. Diese Menschen haben „Schätze im Himmel gesammelt", anscheinend ohne es zu wissen. Hätten sie ihre Werke allerdings nur getan, um vor Menschen Ansehen zu erlangen oder um sich „ihre Gerechtigkeit vor Gott zu verdienen", wären ihre Taten nach dem Inhalt der Rede Jesu auf dem Berg anders beurteilt worden. Denn dann hätten sie ihre Anerkennung ja bereits erhalten. Auch Paulus schreibt an die Korinther:

3 Und wenn ich alle meine Habe zur Speisung der Armen austeilen werde, … aber nicht Liebe habe, so ist es mir nichts nütze.
(1. Korinther 13,3)

Noch einmal: Gerecht vor Gott werden wir nur durch Jesus, durch die Akzeptanz seines Opfertodes am Kreuz. Doch es ist Jesus nicht egal, was wir mit dem Leben und der Zeit, die uns geschenkt wurde, tun und wie wir in dieser Zeit mit unseren Mitmenschen umgehen. Und es ist ihm nicht egal, was unser Herz füllt und bewegt.

Für jeden, der aktiv und bewusst Schätze im Himmel sammeln möchte, habe ich hier den gewagten Versuch unternommen, ein paar direkt abgeleitete und in die heutige Zeit übertragene Vorschläge zu machen:

Kümmere dich um deine alten Eltern oder nimm sie in Pflege; gebe Flüchtlingen ein Dach über dem Kopf oder helfe ihnen bei der Integration; gib Arbeitslosen eine Chance, wieder in ein geregeltes Alltagsleben zu finden; unterstütze eine Obdachlosen-Initiative; mach mit bei einer der vielen Tafel-Arbeiten in Deutschland zur Armenverpflegung; besuche ältere Menschen im Altersheim und geh mit ihnen spazieren oder lies ihnen vor; nimm Pflegekinder zu dir in deine Familie; unterstütze psychisch kranke oder traumatisierte Menschen, dass sie wieder Lebensfreude finden; gib Menschen mit Behinderungen einen Arbeitsplatz, der ihren Fähigkeiten entspricht und sie so integriert sind und einen Beitrag zur Wertschöpfung leisten können; engagiere dich gegen Prostitution und Menschen- bzw. Frauenhandel; …

Jede Mutter und jeder Vater, die ihren Kindern Geborgenheit und bedingungslose Liebe schenken, sammeln Schätze im Himmel; ebenso jedes Gespräch, wo du empathisch zuhörst und vielleicht die Gelegenheit hast, dein Gegenüber zu trösten oder zu ermutigen; und jedes Mal, wenn du in einem (jungen) Menschen sein Potenzial siehst und ihn förderst; ...

Zu den Dingen, die Jesus wichtig sind, gehört auch, sein Evangelium zu verbreiten, Menschen zum Glauben zu ermutigen und seine Mitmenschen über Gott und seine guten Weisungen und Versprechen zu lehren (Matthäus 5,19; 28,19+20). Auch das ist ein Ausdruck von Liebe, Menschen die „Gebrauchsanweisung" für ein glückliches Leben zu bringen und sie vor dem „zweiten Tod" zu bewahren!

Gott sieht uns, er sieht ins Verborgene, und er sieht auch unsere Werke.

4   Der Engel aber sprach zu Kornelius: **Deine Gebete und deine Almosen sind hinaufgestiegen zum Gedächtnis vor Gott.**
    (Apostelgeschichte 10,4)

26 Wenn mir jemand dient, so folge er mir nach! Und wo ich bin, da wird auch mein Diener sein. **Wenn mir jemand dient, so wird mein Vater ihn ehren.**
    (Johannes 12,26)

Gibt es einen größeren Schatz?

Glücklich, die reinen Herzens sind …

Warum ist „Glücklich, die reinen Herzens sind, denn sie werden Gott schauen" denn nun die Management-Summary des besprochenen Redeabschnittes?

Was bedeutet ein „reines Herz"?

Das Gegenteil des „reinen Herzens" ist „Doppelherzigkeit". Das wiederum bedeutet so viel wie „von geteilter Seele" oder schlicht „wankelmütig sein". Ein reines Herz ist ein Herz, welches auf Gott ausgerichtet ist, welches ihm vertraut und sich ganz und gar seinen Maßstäben und seinem Willen verschreibt. Nicht zweigeteilt. „Ihr könnt nicht Gott dienen und dem Mammon."

29 „Herzenskompass"

13 Du sollst dich **ungeteilt** an den HERRN, deinen Gott, halten!
(5. Mose 18,13)

37 Jesus aber sprach: Du sollst den HERRN, deinen Gott, lieben mit deinem **ganzen** Herzen und mit deiner **ganzen** Seele und mit deinem **ganzen** Verstand.
38 Dies ist das größte und erste Gebot.
39 Das zweite aber ist ihm gleich: Du sollst deinen Nächsten lieben wie dich selbst.
(Matthäus 22,37-39)

20 Samuel aber sagte zum Volk: Fürchtet euch nicht! Ihr habt zwar all dieses Böse begangen, doch hört nicht auf, dem HERRN nachzufolgen, und dient dem HERRN mit eurem **ganzen** Herzen!
21 Und weicht nicht ab und folgt nicht den nichtigen Götzen nach, die nichts nützen und nicht erretten können, weil sie nichtig sind!
(1. Samuel 12,20-21)

11 Verbirg dein Angesicht vor meinen Sünden, und tilge alle meine Schuld!
12 Erschaffe mir, Gott, ein **reines Herz**, und erneuere in mir einen festen Geist!
13 Verwirf mich nicht von deinem Angesicht, und den Geist deiner Heiligkeit nimm nicht von mir!
(Anmerkung: Dann würde Gott die Gemeinschaft mit mir verlassen)
(Psalm 51,11-13)

8 Naht euch Gott! Und er wird sich euch nahen. Säubert die Hände, ihr Sünder, und **reinigt die Herzen**, ihr **Wankelmütigen.**
(Anmerkung: wankelmütig = unreines Herz, da hin- und hergerissen)
(Jakobus 4,8)

3 Wer darf hinaufsteigen auf den Berg des HERRN und wer darf stehen an seiner heiligen Stätte?
4 Der unschuldige Hände und ein **reines Herz** hat, **der seine Seele nicht auf Falsches richtet** und nicht schwört zum Betrug.
5 Er wird Segen empfangen vom HERRN und Gerechtigkeit von dem Gott seines Heils.
6 Das ist das Geschlecht derer, **die nach ihm trachten**, die dein Angesicht suchen.
(Psalm 24,3-6)

Wer ein reines Herz im Sinne Jesu hat, richtet seine Seele auf Gott aus. Das Wort „die nach ihm trachten" bringt das gut zum Ausdruck. Deshalb greift Jesus es in seiner Rede auf. Gott wünscht sich, dass wir seiner leidenschaftlichen Liebe uns gegenüber antworten. Deshalb sagt Jesus: **„Trachtet aber zuerst** nach dem Reich Gottes und seiner Gerechtigkeit." Und dann werden wir „Gott schauen", auch in unserem ganz alltäglichen Leben!

… denn sie werden Gott schauen

David, von dem die Bibel sagt, er sei „ein Mann nach dem Herzen Gottes" (1. Samuel 13,14), betet:

23 Erforsche mich, Gott, und **erkenne mein Herz**. Prüfe mich und erkenne meine Gedanken! Und siehe, ob ein **Weg des Abgotts** bei mir ist, und leite mich auf dem ewigen Weg!
(Psalm 139,23)

Gott schauen bedeutet, seine Gegenwart und sein Wirken zu erleben und sein Wesen immer mehr kennenzulernen. Es bedeutet, zu entdecken und zu erfahren, wie und wo Gott wirkt. Das bewirkt Staunen, Dankbarkeit und Freude. Freude an einem Zusammenwirken mit Gott. Lebensfreude.

Unvergebene Schuld oder eine falsche Herzenshaltung stehen einer engen Beziehung mit Gott (der Nähe zu Gott, Gott zu schauen) im Weg! Die Schätze, die wir auf der Erde sammeln, können ein solcher „Weg des Abgotts" sein und unser Herz beschlagnahmen und somit in Bezug auf Gott „verunreinigen".

In der Bibel sind uns viele, viele Beispiele überliefert, wo David „Gott schauen" durfte und sein Eingreifen erlebte. Eins der bekanntesten ist vielleicht der Kampf mit Goliath. Vor seinem Kampf sagt David zum König Saul:

36 Sowohl den Löwen als auch den Bären hat dein Knecht erschlagen; und dieser Philister, dieser Unbeschnittene, soll sein wie einer von ihnen, weil er die Schlachtreihen des lebendigen Gottes verhöhnt hat!
(1. Samuel 17,36)

Davids Herz schlägt für Gott, und er vertraut Gott in seinem Handeln, obwohl es für die anderen so aussieht, „als sei Menschen dies unmöglich". David ist dennoch siegreich. Denn auch hier gilt wieder: „Bei Gott aber sind alle Dinge möglich." Das Staunen und die Freude waren groß! Das bedeutet „Gott zu schauen".

Jesus verspricht: Die Menschen, die reinen Herzens sind, können und werden Gott erleben. Gott ist ein eifersüchtiger, leidenschaftlicher Liebhaber. Er wünscht sich als Antwort auf seine Liebe unser Vertrauen und unser Herz; ein reines Herz. Dann wird er sich uns zeigen, treu und zuverlässig. Und Lebensfreude bricht sich Bahn.

Meine persönliche Erfahrung

Beim Nachdenken über ein reines Herz habe ich überlegt, wie das funktionieren kann: Wie kann ich Gott von ganzem Herzen lieben, meine Frau, meine Kinder, mich selbst und auch noch meinen Nächsten wie mich selbst?

Um der Frage auf den Grund zu gehen, fange ich einmal bei meiner Familie an. Denn je nach Situation nehmen wahrscheinlich meine Familie und mein Unternehmen den größten Raum in meinem Denken und in meinem Herzen ein, zumindest wenn ich die letzten 20 Jahre zurückblicke.

„Du sollst den HERRN, deinen Gott, lieben mit deinem ganzen Herzen und mit deiner ganzen Seele und mit deinem ganzen Verstand" kann ja nicht bedeuten, dass ich meine Frau und meine Kinder nicht auch und gleichzeitig lieben darf, oder?

Wie meint Jesus dann die Sache mit dem „reinen Herzen"?

Ich habe drei Kinder. Und ich kann behaupten, alle drei aus ganzem Herzen zu lieben! Ich meine damit, dass ich jedes Einzelne aus ganzem Herzen liebe. Das scheint zu gehen und sich nicht auszuschließen. Ich bin davon überzeugt, dass genau das in Gottes Sinn ist und er sich darüber freut. Entscheidend für meine Kinder ist, dass sie diese bedingungslose Liebe und Treue erleben, spüren und sich darauf verlassen können. Unter anderem bewirkt das bei meinen Kindern Lebensfreude. Dass auch keines von ihnen den Eindruck hat, ich würde eines der Geschwister mehr lieben. Dass sie meine Dankbarkeit, auch für sie, gegenüber Gott miterleben und wir gemeinsam eine Liebesbeziehung mit Gott, unserem Herrn und Schöpfer, leben. Ich würde sagen, in Bezug auf meine Kinder liebe ich nach Gottes Sinn (das heißt jetzt nicht, dass ich nicht gleichzeitig auch an meinen Kindern schuldig werde oder geworden bin!). In meiner Familie passiert „dein Reich komme". Ich sage und denke oft, dass meine Familie ein bisschen ein Abglanz vom Paradies ist: vertrauensvolle Beziehungen, „sie waren beide nackt, der Mensch und seine Frau, und sie schämten sich nicht" (1. Mose 2,25). Dieses Erleben bedeutet für mich immer wieder „Gott zu schauen".

In der Familie trachte ich nach „dem Reich Gottes und seiner Gerechtigkeit". Ich kann also in diesem Fall Gott von ganzem Herzen lieben und gleichzeitig meine Frau und meine Kinder mit ganzem Herzen lieben. Das geht. Also nicht entweder oder!

Dann ist es für Gott hoffentlich auch in Ordnung, dass meine Familie viel Raum in meinem Denken und Herzen einnimmt. Also ein Sowohl-als-auch. Auf die Herzenshaltung gegenüber Gott kommt es an.

Denken wir jetzt noch einmal an Probleme in der Familie, seien es Krankheiten oder Probleme in der Schule. Dann stellt sich auch hier die Frage, wie ich damit umgehe: Hat Gott in dieser Krisensituation noch Raum in meinem Herzen? Nehmen meine Sorgen mich gefangen, oder vertraue ich auf Gott (und tue gleichzeitig, was ich für sinnvoll und notwendig halte)? Gott hat den Anspruch und erwartet, dass wir ihm vertrauen und uns auf ihn stützen, wie David. Das kann dann auch bedeuten, mit dem Übernatürlichen zu rechnen und dafür zu beten, statt nur das menschlich Logische und Berechenbare zu erwarten.

> 5 Vertraue auf den HERRN mit deinem ganzen Herzen und stütze dich nicht auf deinen Verstand!
> 6 Auf all deinen Wegen erkenne nur ihn, dann ebnet er selbst deine Pfade!
> (Sprüche 3,5-6)

> 20 Dem aber, der über alles hinaus zu tun vermag, über die Maßen mehr, als wir erbitten oder erdenken, ...
> (Epheser 3,20)

Ich bin dankbar, dass ich dieses übernatürliche Eingreifen schon oft erleben durfte. Ich habe auch schon oft um ein Wunder gebetet, und es ist nicht eingetreten. Wenn ich Gott mit einbeziehe und vertraue, heißt das nicht, dass alles immer so läuft, wie ich mir das vorstelle. Es kommt nicht auf das von mir gewünschte Ergebnis an. In meiner Vertrauensbeziehung erlebe ich Gott „auf dem Weg".

 Kommen wir nun zum Unternehmen:

Jetzt wird es schwieriger. Jetzt kommen wir nämlich an den Punkt, wo Jesus davon spricht:

> 23 Schwer wird ein Reicher in das Reich der Himmel hineinkommen.
> 24 Wiederum aber sage ich euch: Es ist leichter, dass ein Kamel durch ein Nadelöhr geht, als dass ein Reicher in das Reich Gottes hineinkommt.
> (Matthäus 19,23-24).

Ich sagte es bereits im oberen Abschnitt: Je mehr wir haben, umso schwieriger wird es, Gott gegenüber die richtige Herzenshaltung zu bewahren. Besitz bedeutet unter anderem Verantwortung. Als Unternehmer weiß ich hier, wovon ich rede! Verantwortung nicht nur für Vermögen, sondern für Hunderte von Arbeitsplätzen, Menschen und die Lebensqualität ihrer Familien. Dieser Besitz und diese Verantwortung können einen ganz und gar in Beschlag nehmen. Ob es nun gerade gut läuft und du dein Unternehmen ausbaust oder ob du in einer Krise bist und um die Existenz des Unternehmens kämpfst. Wenn ich zwölf Stunden am Tag arbeite, sei es im Unternehmen oder zuhause, kann Gott dann mein ungeteiltes Herz haben? Passt dann noch meine Lebensausrichtung auf Gott, im Sinne eines „reinen Herzens"? Oder sammle ich dann nur Schätze auf Erden?

23 Schwer wird ein Reicher in das Reich der Himmel hineinkommen ...

Aber, Gott sei Dank, der Text geht noch weiter:

26 Bei Menschen ist dies unmöglich, bei Gott aber sind alle Dinge möglich. (Matthäus 19,23+26)

„Bei Menschen ist dies unmöglich ..." – warum? Vielleicht weil wir mit dem Sowohl-als-auch Probleme haben (besonders wir Männer ☺). Wir denken eher schwarz-weiß, ganz oder gar nicht. Vielleicht auch, weil wir nicht gerecht richten können und es eben deshalb auch nicht tun sollen. Wenn wir dennoch wohlhabende Menschen oder uns selbst beurteilen, kommen wir schnell zu dem Schluss, dass bei so viel Energieaufwand und Zeiteinsatz für die Arbeit oder den Besitz im weitesten Sinne der Richtspruch klar ist: durchgefallen! Wir hätten stattdessen Menschen im Altersheim oder im Kinderheim besuchen sollen.

„... bei Gott aber sind alle Dinge möglich." Der Gott, der ins Verborgene sieht, schaut unser Herz an. Ich bin davon überzeugt, es geht ihm auch hier um unsere Herzenshaltung. Warum tust du, was du tust? Welche Werte und Motive treiben dich an, wenn du ganz ehrlich zu dir bist? Wo investierst du den Gewinn deines Unternehmens? Wieder ins Unternehmen, für mildtätige und wohltätige Zwecke, für Werbung für die gute Nachricht von Jesus Christus oder ausschließlich in Konsum und den privaten Vermögensaufbau? Was machst du mit deinem Nettoeinkommen? Wie beziehst du Gott und deine Beziehung zu ihm in dein Tun und deine Verantwortung ein?

Mir hilft es, in solchen Überlegungen auf die Könige im Alten Testament zu schauen. Die Könige hatten auch viel Besitz und eine große Verantwortung. Und wenn der König, wie in der folgenden Geschichte, in eine Schlacht gezogen ist, bedeutete das einen sehr großen Energie- und Zeitaufwand.

7 Zu jener Zeit kam der Seher Hanani zu Asa, dem König von Juda, und sagte zu ihm: Weil du dich auf den König von Aram gestützt hast **(Anmerkung: ein militärisches Bündnis eingegangen)** und dich nicht auf den HERRN, deinen Gott, gestützt hast, darum ist das Heer des Königs von Aram deiner Hand entronnen.

8 Waren nicht die Kuschiter und die Libyer **(Anmerkung: bei einer früheren Schlacht)** eine gewaltige Heeresmacht mit Wagen und Reitern in großer Menge? Doch weil du dich auf den HERRN stütztest, gab er sie in deine Hand.

9 **Denn des HERRN Augen durchlaufen die ganze Erde, um denen treu beizustehen, deren Herz ungeteilt auf ihn gerichtet ist**. Hierin hast du töricht gehandelt. Darum wirst du von nun an Kriege haben.
(2. Chronik 16,7-9)

Ist das nicht ein tröstlicher Vers: „Denn des HERRN Augen durchlaufen die ganze Erde, um denen treu beizustehen, deren Herz ungeteilt auf ihn gerichtet ist"? Und dieser Vers gilt auch für mich als Unternehmer, nicht nur für Könige oder Regierungspräsidenten. Und ich brauche diesen Beistand auch und gerade in meiner Verantwortung als Unternehmer! Und dieser Vers gilt auch für dich, in deiner Verantwortung, in deinem Tun, seist du nun selbstständig oder nicht, bezahlt oder ehrenamtlich aktiv. Es geht Gott nicht darum, wie viel Besitz wir haben oder wie viel Zeit und Energie wir für eine Sache aufbringen. Es geht ihm um unsere Herzenseinstellung in der Beziehung zu ihm. Vertrauen wir Gott auch in unserem Beruf, oder ist er nur ein Gott für den Sonntag oder den Feierabend? Ist es mir ein Anliegen, sein Reich auch in und durch meinen Beruf zu bauen, also in seinem Sinne zu wirken und darüber hinaus die Menschen in meinem Umfeld zur Nachfolge Jesu einzuladen? Ich denke, genau das ist Gott ein Anliegen, überall, auch in Wirtschaft, Medien, Bildung, Kunst und Kultur, Sport, Gesundheitswesen oder im sozialen Bereich unserer Gesellschaft, nicht nur in den Kirchengemeinden.

Mir persönlich ist es wichtig, ein Arbeitsumfeld zu schaffen, in dem meine Mitarbeiter sich wohl und wertgeschätzt fühlen; wo die Möglichkeit besteht, dass sie ihre Potenziale entfalten und sich weiterentwickeln. Wir strengen uns an, unseren Kunden tatsächlich zu dienen und einen Beitrag zu ihrem Erfolg zu leisten. Wir wollen als Unternehmen eine sinnvolle Arbeit machen. Wir denken langfristig und nachhaltig, in Generationen. Wir leisten in der Region um unsere Unternehmen einen Beitrag zu einem guten Lebensstandard der Menschen, und das schließt auch Randgruppen mit ein.

Leider habe ich etliche Situationen in meinem Leben erlebt, insbesondere als Unternehmer, wo ich mich nicht auf Gott gestützt habe. Wo ich aus eigener Kraft „gekämpft und Bündnisse mit anderen geschlossen habe". Wo ich ihm nicht zugetraut habe, dass er die Situation verändern kann oder wird. Ich habe ihm nicht vertraut. Diese Situationen und Lebensphasen waren rückblickend besonders kräftezehrend. Ich habe dann auch häufig „die Schlacht verloren" oder sehr langwierige Problemlösungsphasen erlebt.

Noch ein Gedankenanstoß, besonders für junge Leser:

Viele Menschen wünschen sich, dass ihr Tun und Arbeiten einen Unterschied ausmacht und in ihren Augen auch sinnvoll ist. Auch ich halte das für wichtig. Ich denke, es ist einer der Punkte, die ein glückliches und befriedigendes Leben ausmachen. Ich kenne einige junge Menschen, die sich aus diesem Grund sozial engagieren wollen und ehrenamtlich oder hauptberuflich in gemeinnützigen oder staatlichen Hilfsorganisationen arbeiten bzw. sich entsprechend ausbilden (z. B. Soziale Arbeit). Gerade auch in Verbindung mit unseren Bibeltexten „Trachtet aber zuerst ..." und „Liebe deinen Nächsten wie dich selbst" ist dieser Wunsch umso nachvollziehbarer. Und wir brauchen die „helfenden Hände", ohne die geht es nicht!

Dennoch möchte ich deine Gedanken einmal in eine andere Richtung lenken: Wer sind die Empfänger von sozialem Engagement im weitesten Sinne? Menschen, die finanziell, körperlich, seelisch oder geistig irgendeine Not leiden, egal wo auf der Welt. In der Entwicklungshilfe ist man seit langem schon dazu übergegangen, nicht nur Not zu lindern, sondern Hilfe zur Selbsthilfe zu geben, also die Entstehung von Notdürftigkeit zu verhindern. Dieses Prinzip gilt für unsere ganze Gesellschaft! Welches soziale Engagement von Eltern zum Beispiel könnte größer sein, als gut entwickelte Kinder in die Welt zu senden, die das Gemeinwesen nicht belasten, sondern sich dort positiv einbringen?! Oder denken wir an ehrenamtliche Jugendarbeit im Sportverein, in einer Band, im Chor/Spielmannszug/Orchester oder bei den Pfadfindern! Oder an Politiker oder sonst eine Tätigkeit, wo Lebensgrundlagen und Lebensräume gestaltet werden! Oder Menschen einen Arbeitsplatz anzubieten, Arbeit-Geber zu sein! Oder eine professionelle und menschengerechte Führungskraft zu sein, die ein positives Betriebsklima fördert und die Entwicklung ihrer Mitarbeiter unterstützt! Das ist auch soziale Arbeit! Diese Gedanken kommen für meinen Geschmack in unserer Gesellschaft viel zu kurz. Ein guter Arbeitsplatz befriedigt nicht nur die finanziellen Bedürfnisse, sondern auch das Bedürfnis, seine persönlichen Potenziale zu entfalten, etwas zu leisten, auf das man stolz ist, und soziale Kontakte zu pflegen. Im besten Falle noch mittels eines Produktes oder einer Dienstleistung, mit der man sich identifizieren kann und so die gesamte Mission des Unternehmens als sinnvoll betrachtet.

 Unternehmer zu sein empfinde ich als ein sehr soziales Engagement!

Und noch ein Aspekt: Wer finanziert denn die vielen Hilfsorganisationen und Sozialeinrichtungen? Menschen, die ein Arbeitsverhältnis haben und ihre Steuern zahlen und darüber hinaus noch Geld spenden. Unternehmer, deren Unternehmen gerade gut läuft und Gewinne erwirtschaftet, die Steuern zahlen und darüber hinaus noch Geld spenden. Auch wenn viele Unternehmer, Selbstständige oder Menschen mit einem hohen Arbeitsentgelt auch nicht selbst Hand im sogenannten sozialen Bereich anlegen, leisten sie dennoch einen wichtigen, ja, existenziellen Beitrag, dass diese Arbeit überhaupt geleistet werden kann.

„Der Hebel", die Unterstützungskraft, die ein gut geführtes und florierendes Unternehmen zu bieten hat, ist auch unter dem sozialen Aspekt betrachtet eine erstrebenswerte Verantwortung.

In diesem Zusammenhang und unter diesem Blickwinkel kann es auch lohnenswert für dich sein, einmal über Matthäus 25,14-30, „Das Gleichnis von den anvertrauten Talenten", nachzudenken. Was ist dir anvertraut? Und mit welcher (beruflichen) Tätigkeit erreichst du die größte Wertschöpfung im Sinne eines positiven, sozialen Wirkens in unserer Gesellschaft und im Sinne „des Reiches Gottes"?

Ein ganz anderes persönliches Beispiel möchte ich noch zum Thema „Schätze sammeln auf Erden" bringen. Ich habe mir vor Kurzem, nach mehr als 25 Jahren, ein neues Fahrrad gekauft. Ein richtig teures Rad, nicht mit Kette, sondern mit Keilriemen, Scheibenbremse und allem Schnick-Schnack. Dazu habe ich mir ein großes Schloss gekauft, denn immer, wenn ich damit unterwegs bin, habe ich Angst und bin besorgt, dass mir jemand das Rad klauen könnte. Das ging mir mit dem alten Fahrrad nicht so. Ich denke, das ist im Kleinen ein Beispiel, wie es nicht sein soll. Die Angst um meinen Schatz füllt mein Herz und meine Gedanken – und raubt mir im schlechtesten Fall auch noch die Freude am Fahrradfahren!

Erfahrungsbericht von Dr. Hans Martin Weiffenbach

„Seid nicht besorgt …"
In vielfältiger Weise erhalte ich in meinem Alltag „freundliche Angebote":

- Handwerker bieten Leistungen zu günstigen Preisen an – sofern ich auf eine Rechnung verzichten kann.
- Buchhändler deklarieren ohne Diskussion meinen Urlaubsroman als „Fachliteratur" – damit ich etwas zum „Absetzen von der Steuer" habe.
- Der Herrenausstatter schreibt gerne auf den Kassenbeleg „Praxiswäsche" für einen Sonnenhut.
- Von Goldaufkäufern (altes Zahngold) werde ich auf dreiste Weise dazu gedrängt, die Altgoldvorräte „am Fiskus vorbei" buchstäblich zu versilbern.
- Privatversicherte schlagen vor, die Honorarabrechnung um 20% zu erhöhen – mit der Absicht, den von ihnen zu bezahlenden Selbstbehalt damit zu umgehen.

Regelmäßig frustriere ich solche Geschäftemacher mit einem „Danke, das wäre ja nicht korrekt". Ich habe einen Vater im Himmel, der versorgt mich bestens mit allem, was ich brauche. Das Eingehen auf solche „Angebote" wäre für mich ein Ausdruck des Misstrauens ihm gegenüber.

Dazu gehört für mich auch, dass ich ehrlich mit meinen Patienten umgehe. Kommt jemand neu zu mir und will im Hinblick auf den geplanten Abschluss einer Zusatzversicherung den Umfang eventuell notwendiger Maßnahmen wissen, dann sage ich ganz zu Beginn: „Wenn wir heute einen Behandlungsbedarf feststellen und ich später von Ihrer neuen Versicherung nach Vorschäden gefragt werde, dann werde ich diese Frage ehrlich beantworten." In manchen Fällen war damit der Besuch bei mir beendet.

Fairness muss allen Seiten gegenüber gelten. In einer Gesellschaft, in der Versicherungsbetrug zum Kavaliersdelikt geworden ist, erntet sehr erstaunte Blicke, wer dabei nicht mitmacht. Ich verliere lieber einen Patienten als mein gutes Gewissen.

Ich bin stets gut damit gefahren, großzügig und ohne Rücksicht auf die aktuelle Kassenlage zu spenden. Den Zehnten zu entrichten, halte ich für einen guten Brauch unter Christen. Nie bin ich enttäuscht worden von dem, der meine Familie und mich versorgt. Als sogenannter Besserverdiener entdecke ich neben der Verpflichtung zunehmend auch Befriedigung darin, von meinem Überfluss dort einzusetzen, wo der Staat blinde Flecken hat oder wo es politisch nicht opportun scheint, Geld auszugeben. Ob es sich um Schwangerschaftskonfliktberatung handelt, um Modelle zur pädagogischen Förderung von Kindern, die in der Schule durch die gängigen Raster fallen, oder wenn eine NGO Geld braucht für Aufklärungsflyer gegen eine Frühsexualisierung von Grundschülern.

Weil ich nicht „besorgt sein muss", habe ich einen Teil meines Vermögens in eine gemeinnützige Stiftung investiert. Meine drei Kinder waren damit einverstanden – ein schöner Beweis dafür, dass auch sie sich mit diesen Gedanken identifizieren.

Erfahrungsbericht von Dr. Holger Klose

Dient einander
Die Aussage Jesu „Trachtet aber zuerst nach dem Reich Gottes" fordert mich echt heraus! Was heißt das für mich persönlich, ein reines Herz zu haben? Wie soll ich als Christ leben?

Für mich bedeutet dies, bewusst zu leben, wach zu sein. Nicht in den Tag hineinzuleben, sondern stets in der Erkenntnis, dass Gott die Welt und mich geschaffen hat. Jesus Christus hat uns und damit auch mir persönlich das Versprechen gegeben, immer bei uns zu sein, bis an der Welt Ende. Gott will mich ganz. Er will nicht der Notnagel sein, an den ich mich erst wende, wenn ich Hilfe brauche und nicht mehr weiter weiß. Er ist immer da. Mit ihm will ich deshalb gerade auch die frohen Stunden teilen und für seinen Segen und seine Gnade danken.

Ich habe das Glück, eine Familie und gute Freunde zu haben. Ich habe einen Beruf, der mich erfüllt und ernährt. Zudem lebe ich auch noch in einem Land, in dem es seit vielen Jahren Frieden gibt. Das alles ist nicht selbstverständlich und schon gar nicht das alleinige Ergebnis meiner Leistungen. Es ist Gottes Gnade, die mir all dies ermöglicht. Gerade mir oder dir, denen es gut geht, sollte dies stets bewusst sein.

Wenn ich ehrlich mit mir bin, gelingt es mir leider nicht immer, Gott ins Zentrum zu stellen, mir seiner Gegenwart bewusst zu sein und auf ihn zu vertrauen. Trotz seines Eingreifens und seiner Gnade, die ich viele tausend Male erfahren habe, treiben mich manchmal Sorgen, Zweifel und Ängste um. Ängste um Angehörige, die krank sind. Zweifel, wie berufliche Probleme bewältigt werden können. Sorgen, dass politische Konflikte das Leben vieler Menschen und auch das meiner Lieben sowie mein eigenes Leben bedrohen. Dass Jesus an vielen Stellen, auch in seiner Rede auf dem Berg, unsere Sorgen anspricht, zeigt mir, dass er uns Menschen versteht, dass er mich sieht und mich mit meinen Schwächen kennt und annimmt. Sorgen, Ängste und Zweifel sind zutiefst menschlich. Selbst Jesus, Gottes Sohn, war Mensch und war nicht frei davon. Der Evangelist Matthäus schildert eindrücklich die Ängste, die Jesus in der Nacht vor seiner Verhaftung im Garten Gethsemane durchlitt.

Ich danke Gott, dass er mich so verständnisvoll und barmherzig ansieht. Ich danke Gott für seine Liebe und Treue. Und es ist mir ein Anliegen, ihm für all das Dank und Ehre zu erweisen.

Was bedeutet dies nun für die Gestaltung meines täglichen Lebens?

Ich habe den Vers über die Vögel, die nicht säen und ernten und doch vom Vater im Himmel ernährt werden, nie als Freibrief oder gar als

Aufforderung zu Müßiggang oder Faulheit verstanden. Im Gegenteil. Gott will, dass ich mit den Gaben, die ich von ihm empfangen habe, auch etwas anfange. So heißt es im 1. Petrusbrief: Dient einander – ein jeder mit der Gabe, die er empfangen hat – als gute Haushalter der vielfältigen Gnade Gottes. Gott will, dass wir wach und aktiv sind. Lasset eure Lenden umgürtet sein und eure Lichter brennen, steht bei Lukas im 12. Kapitel. Die Vögel können nicht säen und ernten, deshalb sorgt Gott für sie. Uns aber hat er Geist und Hände gegeben, damit wir Arbeiter in seinem Weinberg sind.

Wenn wir am Reich Gottes mitarbeiten wollen, müssen wir uns in seinem Geist dort einbringen, wo er uns hingestellt hat, egal, ob in Wirtschaft, Bildungswesen, Kultur, Sport, Justiz oder sonst wo. Wesentlich für mich ist dabei der Aspekt des Dienstes am Nächsten. Vielleicht könnte ich dieses „Dient einander – ein jeder mit der Gabe, die er empfangen hat ..." als eine Art Lebensmotto von mir bezeichnen. Natürlich ist es ein Glücksfall, dass meine Arbeit mir persönliche Erfüllung bringt. Ich habe die Gelegenheit, sogar in und durch meine Berufstätigkeit als Rechtsanwalt oder Notar Unternehmen, Familien oder einzelnen Personen zu dienen. Ich denke, bei genauerem Hinsehen kann fast jeder von uns auch in seinem alltäglichen Leben und Berufsalltag anderen Menschen dienen. Denn Dienst am Nächsten, der Gott gefällt, ist nicht nur soziale Arbeit, wie sie beispielsweise in Krankenhäusern, Obdachlosenheimen oder Hospizen geleistet wird. Jeder kann sich in seinem beruflichen Umfeld einbringen, egal, ob er Handwerker oder Akademiker ist. Die Möglichkeiten dazu sind unbegrenzt. Bringe ich meinen Kollegen oder den mir anvertrauten Mitarbeitern Achtung und Wertschätzung entgegen? Leiste ich gute Arbeit, um zum Erfolg des Unternehmens und der Sicherheit der Arbeitsplätze beizutragen? Kann ich die Ergebnisse meiner Arbeit vor Gott verantworten? Dies sind Fragen, die sich jeder von uns täglich neu stellen und in Rücksprache mit Gott beantworten kann.

Ein weiterer für mich wichtiger Aspekt meines Lebens als Christ ist die Gemeinschaft mit anderen Christen, zum Beispiel in der (Kirchen-)Gemeinde. Zwar würde ich dem Einsiedler sein Christsein nie absprechen, ich glaube allerdings, dass Gottes Geist in der Gemeinschaft und im Kontakt mit anderen mehr Früchte trägt. „Denn wo zwei oder drei versammelt sind in meinem Namen, da bin ich mitten unter ihnen", heißt es bei Matthäus im 18. Kapitel. Im Gottesdienst kann ich mich ganz auf das verkündete Wort Gottes konzentrieren, einfach mal alles loslassen und geistigen Input für den Alltag erlangen. Hier finde ich Haltepunkte zur Besinnung und zum Nachdenken im Gebet. Doch Gemeinde ist nicht nur der eigentliche Gottesdienst an Sonn- und Feiertagen. Es ist das Zusammensein mit anderen Nachfolgern Jesu, das mich ermutigt oder stützt. Der Ort hierfür kann der Kirchenvorstand, ein Gebetskreis oder eine gemeinsame Aktion sein, etwa die Organisation eines Konzerts oder einer Hilfsmaßnahme für Arme oder Kranke. Beim Dienst an Kranken oder Schwachen können wir gemeinsam und unmittelbar tätig sein und Gottes Liebe weitergeben.

Ein solcher Dreiklang aus Familien-, Berufs- und Gemeindeleben erfüllt und bedeutet für mich Lebensfreude. Wenn es mir dann im Berufs- wie im Gemeindeleben auch noch gelingt, Menschen, die Gott eher fernstehen, durch mein Engagement und Vorbild anzustecken, und ich die Möglichkeit habe, an sie die frohe Botschaft meines Glaubens weiterzugeben, dann fühle ich mich wahrhaft glücklich!

V   Vergebung Zug um Zug

8 „Vergebung Zug um Zug"

Glücklich die Barmherzigen, denn ihnen wird Barmherzigkeit widerfahren.

Gott ist der Einzige, der dich gerecht beurteilen kann. Er vergibt dir deine Schuld und Unzulänglichkeit durch Jesu Tod am Kreuz, ja, er hat dir bereits vergeben. Diese Vergebung wird für dich aber erst dann wirksam, wenn du gegenüber deinen Mitmenschen gnädig und vergebend handelst.

> „Denn wenn ihr den Menschen ihre Vergehungen vergebt, so wird euer himmlischer Vater auch euch vergeben; wenn ihr aber den Menschen nicht vergebt, so wird euer Vater eure Vergehungen auch nicht vergeben." (Matthäus 6,14-15)

Wer sind die Barmherzigen?

Denen von uns, die einen Religionsunterricht besucht, zum Kindergottesdienst gegangen, Kommunion oder Konfirmation gefeiert haben, wird wahrscheinlich sofort das „Gleichnis vom barmherzigen Samariter" einfallen. In diesem Gleichnis erbarmt sich ein Mensch eines anderen, weil dessen Not ihn innerlich bewegt, und er hilft und trägt Sorge für ihn.

Um diese Art des Erbarmens geht es Jesus in seiner Rede nicht; auch wenn sie ihm grundsätzlich sehr wichtig ist, wie wir an vielen Stellen der Bibel nachlesen können. Bei meinen Ausführungen zu den Werken und den „Schätzen im Himmel" habe ich ja schon davon gesprochen.

In seiner Rede auf dem Berg geht es Jesus um den barmherzigen Umgang mit den Fehlern und Schwächen unserer Mitmenschen. Was denken und tun wir, wenn wir von unserem Standpunkt aus betrachten, dass sie unvollkommen sind, dass sie Fehler machen, einen schlechten Charakter, schlechte Angewohnheiten oder Abhängigkeiten haben, dass sie „sündigen"? Was denken und tun wir, wenn sie uns verletzen und an uns schuldig werden?

1 Richtet nicht, damit ihr nicht gerichtet werdet!
2 Denn mit welchem Gericht ihr richtet, werdet ihr gerichtet werden, und mit welchem Maß ihr messt, wird euch zugemessen werden.
3 Was aber siehst du den Splitter, der in deines Bruders Auge ist, den Balken aber in deinem Auge nimmst du nicht wahr?
4 Oder wie wirst du zu deinem Bruder sagen: Erlaube, ich will den Splitter aus deinem Auge ziehen; und siehe, der Balken ist in deinem Auge?
5 Heuchler, zieh zuerst den Balken aus deinem Auge! Und dann wirst du klar sehen, um den Splitter aus deines Bruders Auge zu ziehen.
(Matthäus 7,1-5)

Eigentlich kennen wir das schon. Es klingt wie eine Wiederholung aus dem Teil der Rede, wo Jesus den Jüngern das Vaterunser beigebracht hat.

14 Denn wenn ihr den Menschen ihre Vergehungen vergebt (= barmherzig sein), so wird euer himmlischer Vater auch euch vergeben;
15 wenn ihr aber den Menschen nicht vergebt, so wird euer Vater eure Vergehungen auch nicht vergeben.
(Matthäus 6,14-15)

Dieses Thema scheint Jesus so wichtig zu sein, dass er es hier noch einmal wiederholt bzw. dass er eine separate Seligpreisung dafür ausspricht. „Glücklich die Barmherzigen, denn ihnen wird Barmherzigkeit widerfahren."

Jesus macht mit klaren Worten deutlich, dass der Maßstab, mit dem wir andere messen, auch bei uns angelegt wird (Matthäus 7,2). Da wir aber nicht gerecht richten können und außerdem in der Regel bei anderen strengere Maßstäbe anlegen als bei uns selbst (Matthäus 7,3-4), warnt Jesus uns davor, überhaupt zu richten (Matthäus 7,1).

30 „Schuldzuweisung – gleicher Maßstab"

Auch in diesen wenigen Versen können wir wiederum sehen, wie wichtig Jesus das Thema Selbsterkenntnis ist. Wer sich selbst aufrichtig ansieht, bekommt einen barmherzigeren Blick für sein Gegenüber (Matthäus 7,5).

Wie der barmherzige Samariter sich der Not des anderen zuwendet, dürfen wir uns dann auch helfend der Not (Schuld, Abhängigkeiten, …) des anderen annehmen (Matthäus 7,5). Dann aber nicht mehr als Richter und „von oben herab", sondern als Liebender und Diener.

In einem anderen Gleichnis macht Jesus sehr drastisch deutlich, wie wichtig es ihm ist, dass wir barmherzig mit der Schuld unserer Mitmenschen umgehen – und welche Konsequenzen es hat, wenn wir das nicht tun!

21 Dann trat Petrus zu Jesus und sprach: Herr, wie oft soll ich meinem Bruder, der gegen mich sündigt (Anmerkung: Gegenwartsform!!), vergeben? Bis siebenmal?

22 Jesus spricht zu ihm: Ich sage dir: Nicht bis siebenmal, sondern bis siebzigmal sieben!

23 Deswegen ist es mit dem Reich der Himmel (Anmerkung: Reich Gottes, Königsherrschaft Jesu) wie mit einem König, der mit seinen Knechten abrechnen wollte.

24 Als er aber anfing abzurechnen, wurde einer zu ihm gebracht, der zehntausend Talente schuldete.
25 Da er aber nicht zahlen konnte, befahl der Herr, ihn und seine Frau und die Kinder und alles, was er hatte, zu verkaufen und damit zu bezahlen.
26 Der Knecht nun fiel nieder, bat ihn kniefällig und sprach: Herr, habe Geduld mit mir, und ich will dir alles bezahlen.
27 Der Herr jenes Knechtes aber wurde innerlich bewegt, gab ihn los und erließ ihm das Darlehen. (Anmerkung: Die Summe der Schulden war so groß, dass er sie niemals hätte ehrlich aufbringen können)
28 Jener Knecht aber ging hinaus und fand einen seiner Mitknechte, der ihm hundert Denare schuldig war (Anmerkung: Hundert Denare sind der millionste Teil von zehntausend Talenten). Und er ergriff und würgte ihn und sprach: Bezahle, wenn du etwas schuldig bist!
29 Sein Mitknecht nun fiel nieder und bat ihn und sprach: Habe Geduld mit mir und ich will dir bezahlen.
30 Er aber wollte nicht, sondern ging hin und warf ihn ins Gefängnis, bis er die Schuld bezahlt habe.
31 Als aber seine Mitknechte sahen, was geschehen war, wurden sie sehr betrübt und gingen und berichteten ihrem Herrn alles, was geschehen war.
32 Da rief ihn sein Herr herbei und spricht zu ihm: Böser Knecht! Jene ganze Schuld habe ich dir erlassen, weil du mich batest.
33 Solltest nicht auch du dich deines Mitknechtes erbarmt haben, wie auch ich mich deiner erbarmt habe?
34 Und sein Herr wurde zornig und überlieferte ihn den Folterknechten, bis er alles bezahlt habe, was er ihm schuldig war.
35 **So wird auch mein himmlischer Vater euch tun, wenn ihr nicht ein jeder seinem Bruder von Herzen vergebt.**
(Matthäus 18,21-35)

Dadurch, dass Jesus stellvertretend für uns das Darlehen getilgt hat, sind wir schuldenfrei. Diese Schulden werden aber nur dann auch gelöscht, wenn wir anderen das erlassen, was sie uns schuldig sind.

Dass wir unseren Schuldnern vergeben, hat einen Bedingungscharakter, auch wenn das nicht populär klingt. Wir haben von Gott die Zusage seiner Barmherzigkeit. Nun erwartet er, dass wir uns barmherzig verhalten, nicht richten und anderen ihre Schuld vergeben. Erst dann werden wir Barmherzigkeit empfangen. Vergebung Zug um Zug.[6]

31 „Schuldenfrei"

„Glücklich die Barmherzigen, denn ihnen wird Barmherzigkeit widerfahren."

Meine persönliche Erfahrung

Von meiner Persönlichkeit her neige ich zum Beurteilen. „Nachtigall, ick hör dir trapsen …" Jeder Richterspruch oder jede Verurteilung fängt mit einer Beurteilung an.

Also, ich neige dazu, etwas schnell zu beurteilen. Nett könnte man auch sagen, mir schnell eine Meinung zu bilden.

Im Unternehmensalltag muss ich zum Beispiel lernen (Anmerkung: Gegenwartsform☺), nicht gleich zu beurteilen, sondern mir zunächst so viele Informationen wie möglich über den Sachverhalt zu besorgen. Möglichst von verschiedenen Beteiligten, aus unterschiedlicher Perspektive, um mir dann ein ausgewogenes Urteil zu bilden. Das Wort Ur-Teil klingt ja auch wie Ganz-Teil, Vollkommen-Teil. Ich brauche also möglichst viele Teile, um mir ein einigermaßen vollständiges Bild des Puzzles zu machen. Im betrieblichen Alltag gibt es natürlich auch Situationen, wo eine schnelle Entscheidung gefragt ist. Dann muss häufig ein unvollständiges Bild ausreichen.

Problematischer wird es da schon, wenn es um die Leistungsbeurteilung von Mitarbeitern geht. Denn diese haben zu Recht einen Anspruch auf ein möglichst vollständiges Bild bei ihrer Beurteilung. Um mir ein möglichst umfassendes Bild machen zu können, muss ich lernen, gut zu beobachten. Erst beobachten, dann beurteilen. Erst möglichst viele Teile sammeln, dann das Puzzle zusammensetzen.

Vor zwei Jahren hatten wir bei uns im Unternehmen zu diesem Thema eine Schulung für Führungskräfte mit folgenden Inhalten:

• Unterschied zwischen Beobachtung und Beurteilung
• Beobachtungs- und Beurteilungsfehler
• Methoden zur Objektivierung der subjektiven Eindrücke
• Vorhandene Beurteilungssysteme

Seit ich persönlich mit OneNote von Microsoft arbeite, habe ich mir für die Mitarbeiter, die ich direkt führe, einen virtuellen Hängeordner angelegt, wo ich Gesprächsnotizen hineinschreibe oder Beobachtungen festhalte, die ich mit der Person besprechen möchte. Die Protokolle meiner Mitarbeitergespräche schreibe ich während des Gesprächs direkt dort hinein und drucke sie unmittelbar am Ende des Gesprächs für den anderen Beteiligten aus. Das gibt für beide Seiten Transparenz und hilft mir, möglichst viele Puzzleteile an einer Stelle aufzubewahren. Letztlich soll es mir helfen, eine Beurteilung zu ermöglichen, die dem Mitarbeiter auch gerecht wird!

Viele Menschen haben meiner Erfahrung gemäß Probleme mit dem Begriff Kontrolle. Sie assoziieren damit, beobachtet zu werden, mit der Intention, bei etwas Schlechtem oder Verbotenem „erwischt" zu werden. Wahrscheinlich, weil das häufig die Lebenserfahrung widerspiegelt. Das ist schade. Diesbezüglich kann eine Schulung das Bewusstsein erweitern. Denn ich muss als Führungskraft beobachten, um mir ein Urteil zu bilden. Wie soll ich zum Beispiel begründet und fundiert ein Lob aussprechen – und das wünscht sich fast jeder Mitarbeiter –, wenn ich als Führungskraft nicht kontrolliere und beobachte? Außerdem ist es eine wichtige Führungsaufgabe, gewünschte Ergebnisse sicherzustellen. Und auch das kann ich nur, wenn ich kontrolliere und beobachte.

Loslassen und Vergeben im zwischenmenschlichen Bereich

In meinem Innersten nehme ich in gewisser Hinsicht eine Differenzierung vor zwischen „loslassen" (los-lassen; nicht mehr festhalten; an Gott abgeben) und „vergeben" (ver-geben; weg-geben; weg-schmeißen → dann sind sie wie gelöscht und wie nie gewesen). Vielleicht ist das auch nur ein theoretischer Gedankengang, der mir persönlich hilft.

Ich erzählte ja schon in „III Sehnsucht und Gemeinschaft", dass es mir wichtig ist, dass Gott uns alle richtet. Diese Tatsache entspannt mich auch insofern, dass *ich* es nicht tun muss. Denn manches, was mir begegnet oder in unserer Gesellschaft passiert, ist schon sehr krass. Und da ist es mir wichtig, dass einmal Gerechtigkeit zugesprochen und gerichtet wird.

Dinge, die mir persönlich zustoßen, kann ich loslassen und vergeben, andere nur loslassen. – Wie meine ich das?

32 „Versöhnung"

Ich denke, ich kann die Schuld eines anderen, der mich oder mein Umfeld oder andere Menschen verletzt oder geschädigt hat, loslassen und an Gott abgeben. In jedem Fall. Das befreit mich auch von meiner Wut und schenkt mir irgendwann wieder inneren Frieden. Ich kann eine Tat aber nicht in jedem Fall vergeben. Solange es nur mich betrifft, geht das. Sobald es aber (auch) andere betrifft, steht mir das irgendwie nicht zu. Ich möchte und muss es den Betroffenen überlassen.

Zwei kleine Beispiele:

1. Jemand benimmt sich mir gegenüber unangemessen, wird laut. Und vielleicht benutzt er auch Worte, die unsachlich und persönlich sind und „unter die Gürtellinie gehen". Wenn diese Person jetzt zu mir kommt und mich um Verzeihung bittet, kann ich die Sache loslassen und ihr vergeben. Dann ist die Sache für mich erledigt. Natürlich kann ich die Sache auch loslassen und ihr vergeben, wenn sie mich nicht um Verzeihung bittet. In der Regel fällt dies dann deutlich schwerer. Aber Jesus mutet mir auch das zu.

2. Jemand ist in wirtschaftlicher Not, warum auch immer, und greift in die Vereinskasse. Er wird erwischt und bereut. In Bezug auf mich und seine Person kann ich seine Schuld loslassen und ihm anschließend ohne „Groll und Richtermiene" wieder begegnen. Ich kann ihm seine Tat aber nicht generell vergeben. Ich kann nur etwas in mir in Bezug auf mein Herz und meine Seele tun. Das nenne ich „loslassen". Ich kann nicht auch für die anderen handeln und ihm vergeben. Das steht mir nicht zu. Außerdem hat die Person, je nachdem wer in diesem Fall die Entscheidungsbefugnisse hat, auch noch weitere Konsequenzen zu tragen (Anzeige, Vereinsausschluss usw.).

Erfahrungsbericht von Ursula Weiffenbach

Kleine Taten der Liebe

Diagnose: Krebs. Von einem Augenblick auf den anderen ist alles anders. Operation. Stornierung des Urlaubs. Nachbehandlung. Unkalkulierbare Nebenwirkungen. Kampf um Gottvertrauen. Schock und Anteilnahme bei Familie und Freunden.

Aber während man sich selbst im absoluten Ausnahmezustand vorfindet, geht für alle anderen das Leben weiter. Mein Leben ist nicht ihr Leben.

In meinem Fall waren es ganz wenige treue Freunde und Familienmitglieder, die in den schweren Monaten nach der Diagnose zu mir standen und mir Rückhalt gaben. Kaum jemand darüber hinaus, der mich im Krankenhaus besucht hätte; nur sehr selten erreichte mich ein Anruf. Ich fühlte mich allein. Wo war meine Großfamilie, wo waren unsere vielen

Freunde? Hatte ich mich so getäuscht in ihnen? Eine Krebsdiagnose macht sehr verletzlich und bedürftig ... Ich hätte es so sehr gebraucht: ein Nachfragen, wie es mir geht und wie ich mit allem klarkomme. Ein kleiner Besuch, ein paar Blümchen vielleicht – oder auch nur eine E-Mail hin und wieder hätten mir gut getan.

Es ist nun mehr als zwei Jahre her, und noch immer registriere ich, dass kaum jemand nachfragt, wie es mir geht – obwohl noch längst nicht alles ausgestanden ist. Wie gehe ich mit dieser Enttäuschung und Traurigkeit um?

Es gab Phasen, da habe ich andere verurteilt, da war ich in Gefahr, bitter zu werden, mich im Selbstmitleid zurückzuziehen und Beziehungen abzubrechen. Bis die Verse aus der Bergpredigt vor mir aufleuchteten: „Richtet nicht, damit ihr nicht gerichtet werdet! Denn mit welchem Gericht ihr richtet, werdet ihr gerichtet werden, und mit welchem Maß ihr messt, wird euch zugemessen werden" und „Was ihr wollt, das euch die Leute tun sollen, das tut ihr ihnen auch".

Ich habe mich entschieden, diese Lektion zu lernen. Seit ich mich mit der Herausforderung der „Goldenen Regel" existenziell auseinandersetze, wird mir bewusst: Auch ich selbst habe häufig den Impuls, jemanden anzurufen, der in Not ist – und dann tue ich es doch nicht, weil mein Alltag mich absorbiert. Auch ich bin mit mir selbst und mit meinen Aufgaben voll und ganz beschäftigt, wenn ich nicht bewusst gegensteuere. Auch ich habe kaum freie Kapazitäten und entschuldige mich damit, anstatt meine Prioritäten zu überdenken. Dies zu erkennen macht mich barmherziger mit anderen.

Inzwischen glaube ich, dass es kein böser Wille und nicht einmal Desinteresse ist, wenn Menschen sich nicht „kümmern", sondern vor allem ihr alltäglicher Stress, der sie gefangen nimmt. Ich habe mich entschieden, jedes Enttäuschtwerden durch andere Menschen umzumünzen in die Frage: „Wie kann ich das tun, was ich von anderen erwarte?"

Meine Krebserkrankung hat mich sensibler gemacht dafür, wie sehr Menschen die kleinen Zeichen brauchen, die ihnen sagen: „Du bist nicht vergessen." Und: „Ich bin bereit, deine Last mit dir zu tragen."

Heute bin ich großzügiger mit anderen, rechtfertige mich selbst allerdings nicht mehr mit meiner eigenen Überlastung, sondern versuche mein Leben so zu ordnen, dass noch Zeit und Kraft bleibt für kleine, unscheinbare und doch so wertvolle „Taten der Liebe".

Erfahrungsbericht von Joachim Loh

Überwinden

Es fiel und fällt mir schwer, mich für mein Fehlverhalten zu entschuldigen. Natürlich übernehme ich die Verantwortung für die Folgen eines Fehlers. Auch für die Folgen der Fehler meiner Mitarbeiter und Führungskräfte. Ja, keine Frage, ich muss die Verantwortung nach außen gegenüber den Kunden, Lieferanten, Banken usw. übernehmen. Aber auch innerhalb der Firma? Muss nicht jeder selbst für seine Fehler „büßen"? Aber ich, der Inhaber und Unternehmer, auch? Es reicht doch, wenn ich den wirtschaftlichen Schaden davontrage, oder nicht?

Was hindert mich daran, Schuld zuzugeben und mich dafür bei anderen zu entschuldigen? Natürlich mein Image, das Schaden nehmen könnte. Wie stehe ich da, wenn meine Autorität angeschlagen wird? Was mögen andere dann von mir denken?

Doch Jesus ist unmissverständlich, wenn er uns im Vaterunser lehrt: „Und vergib uns unsere Schuld, wie auch wir denen vergeben haben, die an uns schuldig wurden. Und lass uns nicht in Versuchung geraten, sondern errette uns von dem Bösen. Wenn ihr den Menschen ihre Verfehlungen vergebt, wird euer Vater im Himmel euch auch vergeben. Wenn ihr aber den Menschen nicht vergebt, wird euer Vater im Himmel euch eure Verfehlungen auch nicht vergeben."

Dieses Gebet, das uns Jesus empfiehlt zu beten, nimmt mich in die Pflicht, mein Verhalten nach ihm auszurichten und wirklich anderen zu vergeben – auch und vor allem meinen Mitarbeitern. Obwohl ich das weiß, fällt es mir schwer, und ich muss mich immer aufs Neue überwinden. Doch wenn Schuld gegenüber anderen bei mir vorkommt und mir bewusst wird, erinnere ich mich gern an diese Zusage Jesu: „Wenn ..., so wird mein himmlischer Vater auch mir vergeben!"

Ich will Jesus gegenüber ein reines Gewissen haben. Deshalb brauche ich seine Vergebung. Und das setzt voraus, dass ich meine Schuld zugebe und auch anderen ihre Schuld vergebe. Die Reflexion meines Verhaltens vor Gott hilft mir, mein Leben authentisch auszurichten. Es macht mir Mut, nicht nach Image, Ruf oder Ansehen zu trachten, sondern meine Wertigkeit vor Gott zu sehen. Und das wiederum macht unabhängig von Menschen. Es führt zur Selbstständigkeit und mutigem Verhalten. Gleichzeitig macht es mich für andere berechenbar und verlässlich. Die Kultur der Zusammenarbeit einer Gemeinschaft gewinnt deutlich an Qualität.

Und trotzdem bleibt es für mich eine Herausforderung, der ich mich täglich neu stellen muss.

VI   Treue und Nachhaltigkeit

9 „Treue und Nachhaltigkeit"

Glücklich die Sanftmütigen, denn sie werden das Land erben.

Wenn du es auch bei Anfeindung durch andere schaffst, nicht mit gleichen Mitteln zu antworten, sondern treu nach Jesu Werten handelst, verspricht Jesus, den Segen der Nachhaltigkeit auf dein Tun zu legen.

> „Vergeltet nicht Böses mit Bösem oder Scheltwort mit Scheltwort, sondern im Gegenteil segnet, weil ihr dazu berufen worden seid, dass ihr Segen erbt." (1. Petrus 3,9)

Psalm 37 erklärt den Begriff „Sanftmütigkeit":

Nicht neidisch sein auf die unlauter Erfolgreichen und sich nicht auf den gleichen Weg wie sie begeben, nicht „im selben Geist" auf ihre Taten reagieren oder antworten. Die „Rache" an Gott abgeben und stattdessen auf den HERRN vertrauen. Auch in der bedrängten Situation Gutes tun, treu sein und Freude an Gott haben.

Interessanterweise zitiert Jesus mit seiner Aussage „Glücklich die Sanftmütigen, denn sie werden das Land erben" gerade aus diesem Psalm!

1 Entrüste dich nicht über die Übeltäter, beneide nicht die, welche Böses tun!
2 Denn wie das Gras werden sie schnell verdorren und wie das grüne Kraut verwelken.
3 Vertraue auf den HERRN und tue Gutes; wohne im Land und hüte Treue;
4 und habe deine Lust am HERRN, so wird er dir geben, was dein Herz begehrt.
5 Befiehl dem HERRN deinen Weg und vertraue auf ihn, so wird er handeln
6 und wird deine Gerechtigkeit aufgehen lassen wie das Licht und dein Recht wie den Mittag.
7 Sei still dem HERRN und harre auf ihn! Entrüste dich nicht über den, dessen Weg gelingt, über den Mann, der böse Pläne ausführt!
8 Lass ab vom Zorn und lass den Grimm! Entrüste dich nicht! Es führt nur zum Bösen.
9 Denn die Übeltäter werden ausgerottet; aber die auf den HERRN hoffen, die werden das Land besitzen.
10 Noch kurze Zeit, und der Gottlose ist nicht mehr; und siehst du dich um nach seiner Stätte, so ist er nicht da.
11 Aber die Sanftmütigen werden das Land besitzen und werden ihre Lust haben an Fülle von Heil.
(Psalm 37,1-11)

Ein schönes praktisches Beispiel aus dem Alten Testament ist die Geschichte in 1. Mose 26,12-32. Isaak verhält sich ganz im Sinne Jesu, als man seiner Sippe die Brunnen streitig macht. Isaak findet das nicht lustig und auch nicht richtig. Dennoch verhält er sich sanftmütig gegenüber Abimelech und vertraut darauf, dass Gott für ihn sorgt. Er empfindet keine Bitterkeit und verzichtet darauf, selbst mit Gewalt für sich und sein Recht zu sorgen. Und Gott sorgt für ihn und segnet ihn. Und auch er erhält die Verheißung, eben dieses Land einmal in Besitz zu nehmen, es zu erben.

Nun zur Rede Jesu auf dem Berg:

38 Ihr habt gehört, dass gesagt ist: Auge um Auge und Zahn um Zahn.
39 Ich aber sage euch: Widersteht nicht dem Bösen, sondern wenn jemand dich auf deine rechte Backe schlagen wird, dem biete auch die andere dar;
40 und dem, der mit dir vor Gericht gehen und dein Untergewand nehmen will, dem lass auch den Mantel!
41 Und wenn jemand dich zwingen wird, eine Meile zu gehen, mit dem geh zwei!
42 Gib dem, der dich bittet, und weise den nicht ab, der von dir borgen will!
(Matthäus 5,38-42)

Jesus beginnt seine Lehre über Sanftmütigkeit mit einem sehr bekannten Zitat aus dem „Gesetzbuch von Israel":

Und dies sind die Rechtsbestimmungen, die du ihnen vorlegen sollst:
(2. Mose 21,1)

In diesen Gesetzen ist genau geregelt, wie ein Unrecht „gutzumachen ist" und welche Strafe den Übeltäter trifft. Die mosaischen Gesetze regelten das Zusammenleben des Volkes. Auf diese Gesetze konnte man sich berufen und verlassen. Es ist ein Gesetz aus einem Rechtsstaat.

Zu den Lebzeiten Jesu wohnten die Israeliten in einem besetzten Land. Jesu Worte, „Glücklich die Sanftmütigen, denn sie werden das Land erben", mussten da in den Ohren seiner Zuhörer fast zynisch klingen. Sie waren Unterdrückte, ohne Rechte, der Willkür der Besatzungsmacht ausgeliefert. Sie besaßen ihr Land nicht mehr. Es wurde ihnen mit Gewalt genommen, nicht mit Sanftmütigkeit!

Jesus nennt drei alltägliche Beispiele ihrer Unterdrückung: Schlagen mit dem Handrücken der rechten Hand auf die rechte Wange; Wegnehmen des Untergewands; Zwang, eine Meile mit dem Unterdrücker zu gehen, um ihm zum Beispiel sein Gepäck zu tragen.

Gegen diese Unterdrückung gab es keine rechtsstaatlichen (Gegen-) Mittel. Sich gegen diese Unterdrückung zu wehren, wäre nur durch Gewaltanwendung möglich gewesen – also eine Antwort auf gleicher Ebene, im gleichen Geist des Unterdrückers. Das ist aber nicht der Geist Jesu. Das wäre nicht Sanftmut.

Jesus sagt dazu: „Wehrt euch nicht gegen diese Unterdrückung. Erleidet das Böse. Lasst euch nicht in Versuchung führen, mit Gewaltanwendung zu reagieren, sondern überrascht den Unterdrücker, indem ihr ihm auch die linke Wange hinhaltet, ihm zum Untergewand auch noch den Mantel gebt oder eine zweite Meile mit ihm geht, obwohl er dies nicht von euch fordert. Antwortet im entgegengesetzten Geist."

Ähnlich beschreibt Jakobus in seinem Brief, Kapitel 5,1-11, die Situation der Armen. Sie sind im Verhältnis zu den reichen Großgrundbesitzern machtlos. Der Staat oder die Gewerkschaften halfen damals nicht. Der Gerechte widersteht nicht, kann nicht widerstehen. Jakobus ermutigt, auszuharren, Geduld zu haben und auf Gott zu warten, ihm zu vertrauen. Er ruft ihnen zu: „Gott sieht euch! Er ist voll innigem Mitgefühl und Barmherzigkeit! Bleibt sanftmütig, bleibt treu. Nehmt die Propheten zum Vorbild."

Also: „Widersteht nicht dem Bösen, sondern ..."

Sanftmut beginnt dort, wo wir uns nicht mit rechtsstaatlichen Mitteln zur Wehr setzen können, wo wir Unrecht erleiden. Wo der, welcher uns Unrecht zufügt, sich vielleicht sogar selbst rechtsstaatlicher Mittel bedient, wir aber trotz Rechtsstaat „machtlos" sind. Oder Unrecht, welches im Verborgenen oder „über Umwegen" geschieht. Ich denke da besonders an üble Nachrede oder Verleumdung; Folgen von Neid; Aussaat von Misstrauen gegenüber unserer Person; einseitige Darstellung von Tatsachen, Übertreibung, falsche Behauptungen, und so weiter. „Widersteht **nicht** dem Bösen!" Die schwierige Aufgabe besteht nun darin, diesen Angriffen nicht mit gleichen Mitteln und Waffen zu antworten. Eigentlich ist das das Normale, denn so wird es uns jeden Tag in unserer Gesellschaft in Wirtschaft, Politik und den Medien vorgelebt. Jesus fordert seine Nachfolger auf, dass sie dieses Unrecht und diese Angriffe ertragen und sich nicht von ihrem „geraden Weg" abbringen lassen. Jesus wünscht sich, dass wir der Versuchung, mit gleichen Mitteln zu kämpfen, widerstehen und ihm und seinen Werten treu sind.

31 Beneide nicht den Mann der Gewalttat und wähle keinen seiner Wege!
(Sprüche 3,31)

22 Sage nicht: Ich will Böses vergelten! Harre auf den HERRN, so wird er dich retten!
(Sprüche 20,22)

Ich meine, das heißt nicht, dass wir uns grundsätzlich gar nicht zur Wehr setzen oder kämpfen dürfen. Kämpfen dürfen wir, aber nicht mit den gleichen negativen, unlauteren und zerstörerischen Mitteln. Es wäre meiner Meinung nach falsch, aus dem Bibeltext zu folgern, dass Christen, die in einem Rechtsstaat wie in Deutschland leben, Unrecht stillschweigend erdulden müssen! Im Rahmen unserer Rechtsstaatlichkeit haben wir die Freiheit, für unser Recht einzutreten und dem Bösen zu widerstehen! Alles andere ist falsch verstandene Demut. Falls wir es können, im Rahmen unserer Möglichkeiten und unseres Einflusses, sollten wir das Böse offenlegen und eindämmen (5. Mose 13,5; Offenbarung 2,2). Die Mittel des Rechtsstaats anzuwenden ist nicht „böse". Wir dürfen „dem Bösen" mit Hilfe des Staates „widerstehen" oder dazu beitragen, ihm Einhalt zu gebieten. Denn das können wir tun, ohne selbst Gewalt anzuwenden oder den Weg der Nachfolge Jesu zu verlassen. Wir sollen oder müssen uns also nicht alles gefallen lassen.

Das Gleiche gilt natürlich für Konflikte oder Unrecht in einem Unternehmen oder in einer anderen Organisation. Auch hier gilt es, nicht mit den gleichen schlechten Mitteln unserer Angreifer zu kämpfen, sondern sich mit legalen Möglichkeiten zu wehren und sich zu verteidigen. Dafür gibt es Führungskräfte, den Betriebs- oder Personalrat, die Gewerkschaft oder andere Beauftragte in einer Organisation sowie Freunde und Kollegen.

Letztlich ist unsere Intention und Herzenshaltung ausschlaggebend!

17 **Du sollst deinen Bruder in deinem Herzen nicht hassen.** Du sollst deinen Nächsten ernstlich zurechtweisen, damit du nicht seinetwegen Schuld trägst.
18 Du sollst dich nicht rächen und den Kindern deines Volkes nichts nachtragen und **sollst deinen Nächsten lieben wie dich selbst.** Ich bin der HERR.
19 Meine Ordnungen sollt ihr halten.
(3. Mose 19,17-19)

14 Jagt dem Frieden mit allen nach und der Heiligung, ohne die niemand den HERRN schauen wird;
15 und achtet darauf, dass nicht jemand an der Gnade Gottes Mangel leide, dass **nicht irgendeine Wurzel der Bitterkeit aufsprosse und euch zur Last werde** und durch sie viele verunreinigt werden.
(Hebräer 12,14-15)

Petrus schreibt in seinem Brief:

9 ... und vergeltet nicht Böses mit Bösem oder Scheltwort mit Scheltwort, sondern im Gegenteil **segnet, weil ihr dazu berufen worden seid, dass ihr Segen erbt.**
(1. Petrus 3,9)

Und auch Paulus schreibt an die Christen in Rom:

19 Rächt euch nicht selbst, Geliebte, sondern gebt Raum dem Zorn [Gottes]! Denn es steht geschrieben: Mein ist die Rache; ich will vergelten, spricht der HERR.

20 Wenn nun dein Feind hungert, so speise ihn; wenn ihn dürstet, so gib ihm zu trinken! Denn wenn du das tust, wirst du feurige Kohlen auf sein Haupt sammeln.

21 **Lass dich nicht vom Bösen überwinden, sondern überwinde das Böse mit dem Guten**.
(Römer 12,19-21)

Auch wenn wir dem Bösen nicht widerstehen können oder wollen, dürfen und wollen wir dem Bösen Einhalt gebieten oder es überwinden, im Namen und im Stil Jesu (siehe auch VII Großzügigkeit und Auszeichnung)!

Nun sagt Jesus im letzten Satz dieses Abschnittes seiner Rede noch:

42 **Gib dem, der dich bittet, und weise den nicht ab, der von dir borgen will!**
(Matthäus 5,42)

34 „Gib dem, der dich bittet"

Warum sagt er dies im Kontext von „Sanftmütigkeit"? Bei Sanftmütigkeit geht es doch eigentlich darum, dass du nicht versucht wirst, einen falschen Weg einzuschlagen. Du kannst aber auch dazu beitragen, dass **andere** nicht in Versuchung geführt werden, einen falschen Weg zu gehen. Nämlich unter den Umständen, wo du der Mächtige oder der Wohlhabende bist.

Wenn jemand dich bittet und du ihn abweist, obwohl du ihm behilflich sein kannst, wird er vielleicht bitter und tut etwas Ungutes. Oder jemand ist in Not und möchte (Geld) von dir borgen, doch du verweigerst es ihm, obwohl es für dich eigentlich gar kein Problem wäre, ihm etwas zu leihen oder zu schenken. Dann bringst du unter Umständen den anderen in Versuchung, sich mit Gewalt das zu holen, was er zum Leben braucht.

Ich möchte das Thema hier nicht weiter vertiefen, doch es ist in unserer Gesellschaft ein großes Problem und wächst, je stärker das Wohlstandsgefälle zunimmt. Da gibt es keine schnellen und einfachen Antworten. Dennoch möchte ich dich einladen, darüber nachzudenken, dein Lebensmotto, wie immer es auch lauten mag, zu ergänzen um den Satz: „Gib dem, der dich bittet, und weise den nicht ab, der von dir borgen will!" Du hast aber gewiss recht: Natürlich müssen gesunde Grenzen gesetzt und muss jeder Einzelfall geprüft werden.

… denn sie werden das Land erben

35 „Nachhaltigkeit"

Das Land erben – was kann das bedeuten?

In Psalm 37,11 heißt es: „Aber die Sanftmütigen werden das Land besitzen und werden ihre Lust haben an Fülle von Heil." Als Gegensatz dazu steht in den Versen 2, 9 und 10 etwas wie „und siehst du dich um nach der Stätte des Gottlosen, so ist er nicht mehr da". Diese Verse machen deutlich, dass von dem Tun der Gottlosen nichts bleibt, was vor Gott Wert oder Bestand hat.

Anders bei den Sanftmütigen: Ihr Tun ist nachhaltig. Ihr Handeln wird langfristig eine positive Auswirkung haben, ein Segen sein für andere und auch nachhaltige, gute Werke hervorbringen.

Soweit ist es für mich sehr klar und nachvollziehbar. Jetzt wird es schwieriger: Denn der Psalm 37 enthält auch ein Versprechen für den Sanftmütigen selbst. „Befiehl dem HERRN deinen Weg und vertraue auf ihn, so wird er handeln und wird deine Gerechtigkeit aufgehen lassen wie das Licht und dein Recht wie den Mittag … Aber die Sanftmütigen werden das Land besitzen und werden ihre Lust haben an Fülle von Heil." Wie so oft liegt in diesem Versprechen Gottes für mich eine große Spannung. Denn ich weiß: Unzählige Opfer von Terror und Gewaltherrschaft durften in ihrem Leben nicht erleben, wie diese Worte Wirklichkeit werden. Ich lege es deshalb so aus: Für Gott gibt es keine Alternative, als sanftmütig zu handeln. Nur dieses Handeln bringt Segen und ist nachhaltig. Solange unser kurzes Leben auf dieser Erde weilt, erleben wir vielleicht die Gnade, dass wir selbst die Früchte dieses Handelns sehen können: dass wir miterleben dürfen, wie uns irdisches Recht zugesprochen wird. Dass wir für uns und unsere Familien und unser Wirken Lebensraum bekommen. Dass wir selbst die Nachhaltigkeit unseres sanftmütigen Handelns erleben. Das ist dann „Lust haben an Fülle von Heil".

Wenn die Umstände so sind, dass wir das nicht erleben können, gibt es zur Sanftmütigkeit dennoch keine Alternative. Es gibt ermutigenderweise viele Beispiele in der Geschichte, wo Menschen selber leiden mussten oder sogar umgekommen sind, ihr Handeln aber nachhaltig positive Auswirkungen hatte und eine Ermutigung für andere Menschen gewesen ist. Und ihr Innerstes war trotz des Leidens gefüllt mit der Gegenwart und dem Frieden Gottes. Dietrich Bonhoeffer ist für mich so ein Beispiel.

Dennoch, so denke ich, meint „das Land erben" nicht nur die Hoffnung auf die neue Welt Gottes. Auch wenn es tröstlich ist, dass dort einmal Recht gesprochen und alle Tränen abgewischt werden. Ich meine, es geht Jesus im Verweis auf den für seine Zuhörer bekannten Psalm auch darum, klarzumachen, dass sanftmütiges Handeln Segen bringt – für unsere Mitmenschen, aber auch für uns selbst. Auch in 1. Petrus 3,9 kommt das zum Ausdruck: „… segnet, weil ihr dazu berufen worden seid, dass ihr Segen erbt." Der Sanftmütige ist schon allein deshalb gesegnet, weil er auf dem Weg Gottes geht, weil er Jesus damit treu nachfolgt und an ihm dranbleibt. Jesus sagt von sich:

29 Ich bin sanftmütig und von Herzen demütig.
   (Matthäus 11,29)

Dem nachzueifern ist gut für unsere Seele, auch wenn die äußeren Umstände (noch) nicht erfreulich sind. „Lass dich nicht vom Bösen überwinden, sondern überwinde das Böse mit dem Guten." Ich bin davon überzeugt: Das Gute zu tun, tut auch gut. Und in der Regel ist es auch nachhaltig.

Meine persönliche Erfahrung

Da ich nur selten die Zeit finde, oder besser, mir die Zeit nehme, um in der Bibel zu studieren, habe ich mich über mehrere Jahre mit der Bergpredigt beschäftigt, um letztlich diese Gedanken „zu Papier zu bringen". Für meinen Arbeitsalltag war in dieser Zeit (und so auch heute noch) gerade das Thema „Sanftmütigkeit" sehr hilfreich und von großer Bedeutung.

 Als Unternehmer gerate ich in **unterschiedlichste Konflikte**: Zielkonflikte, Meinungsunterschiede, zwischenmenschliche Konflikte, Interessenskonflikte, Machtkämpfe, … um nur ein paar Beispiele zu nennen. Dabei sind Zielkonflikte normaler Alltag und Meinungsverschiedenheiten sogar willkommen, denn sie fördern gute Problemlösungen.

Über eine lange Zeit hatte ich einen großen Konflikt mit der Gewerkschaft und dem Betriebsrat. Denn unser Unternehmen ist bis heute nicht tarifgebunden. Als mein Vater verstarb und ich als alleiniger Gesellschafter die Verantwortung für das Unternehmen übernahm, war ich 35 Jahre alt und erst knappe vier Jahre im Unternehmen. Mein Vater war eine sehr anerkannte und schillernde Persönlichkeit. Ich sage immer, er hinterließ mir „sehr große Fußstapfen". Ich war damals weder als Person eine gefestigte Führungskraft, noch saß ich „fest im Sattel der Macht", obwohl ich jetzt der Chef und der Eigentümer war. Doch ein echtes Mandat der Mitarbeiter muss sich jeder erst verdienen. Und die Mitarbeiter waren selbst verunsichert. Mein Vater hatte das Unternehmen über mehr als 40 Jahre geführt, und zwar sehr erfolgreich. Nun war er, der Patriarch, den sie kannten und einschätzen konnten, nicht mehr da. Und sein Nachfolger? Den kannte man nicht wirklich. Diese Unsicherheit verstand die Gewerkschaft in Verbindung mit dem Betriebsrat zu nutzen, um ihre Machtposition über Jahre weiter auszubauen. Leider habe ich in dieser Zeit auch Fehler begangen und Entscheidungen getroffen, die ihre Position gestärkt haben. Das ist eine lange Geschichte, die ich hier nicht einseitig aus meiner Perspektive erzählen möchte. Ich möchte auch niemanden angreifen oder irgendjemandem Vorwürfe machen. Die Einleitung sollte dazu dienen, sich vorzustellen, dass da ein echter Machtkampf tobte, bis zu dem Höhepunkt, als eine Tarifkommission gegründet wurde und wir in einen Tarifvertrag gezwungen werden sollten. In einem solchen Konflikt finden leider häufig „unlautere" Mittel Anwendung, wo Sachlichkeit und Wahrhaftigkeit bewusst außer Acht gelassen werden.

Die Beschäftigung mit dem Thema Sanftmut hat mir geholfen, nicht mit derartigen Mitteln zu kämpfen, sondern zu versuchen, „sauber zu bleiben". Keine manipulativen, provokativen und stimmungsanfeuernden Aushänge zu schreiben, die „unter die Gürtellinie gehen", sondern weiter sachlich zu informieren. Nicht zu übertreiben, sowohl bei positiven wie negativen Nachrichten, und bei der Wahrheit zu bleiben. Gerade als ich auch persönlich angegriffen wurde, zum Beispiel in Flugblättern, war die Versuchung groß, emotional und „wild" zu werden. Ich bin heute sehr froh, dass ich bzw. wir als Geschäftsführung dieser Versuchung widerstehen konnten. Das verdanke ich insbesondere meinem Geschäftsführungsteam, das diese Philosophie unterstützt und letztlich die Hauptarbeitslast des Konflikts getragen hat. Letztlich leidet das ganze Unternehmen unter einem solchen Konflikt. Und je schlechter sich die Konfliktparteien verhalten, umso mehr Schaden nehmen das Unternehmen und alle Beteiligten. „Unlautere" Mittel sind vielleicht kurzfristig erfolgreich, jedoch nicht nachhaltig, davon bin ich überzeugt!

Ich bin sehr dankbar, dass es mir damals auch innerlich gelungen ist, nicht bitter zu werden. Auch bei ganz persönlichen Ent-Täuschungen. Ich hatte es bereits erwähnt, dass es mir hilft, die Handlungen und Unvollkommenheiten der anderen im Licht meiner eigenen Unvollkommenheit zu betrachten, zwar gegebenenfalls das Reden und Handeln anderer zu verurteilen, aber nicht die Personen. Ich versuche auch stets, die Umstände und Angriffe nicht persönlich zu nehmen, sondern die dahinterstehenden Absichten und Motivationen zu entschlüsseln, also die Frage zu beantworten, warum der andere so handelt. Was hat ihn geprägt, beeinflusst, in Versuchung geführt, verletzt, motiviert … sich so zu verhalten? Was verspricht er sich davon? Das macht die Sache nicht besser, hilft mir aber, innerlich nicht zu verhärten, den anderen barmherziger zu betrachten und immer wieder auf die Inhalte zu schauen und den Raum für Lösungen und Kompromisse offen zu halten.

Ein anderes Beispiel für Sanftmütigkeit:

Einer unserer Kunden, mit dem wir gleichzeitig auch eine Lieferantenbeziehung haben, hatte uns ungerechtfertigter Weise, nur aufgrund der Beschuldigung eines Dritten, „geblacklistet[2]", was dazu geführt hat, dass wir für seine anstehenden Projekte keine Anfragen mehr erhalten haben. Außerdem dachte man darüber nach, uns auch im Service-Bereich zu ersetzen. Statt nun ebenfalls seine Leistungen als Lieferant nicht mehr in Anspruch zu nehmen, haben wir, wann immer möglich und sinnvoll, auf ihn zurückgegriffen. Parallel haben wir uns auf Geschäftsführungsebene aufrichtig und wertschätzend um die Beziehung bemüht. Nach einiger Zeit hat sich unsere Geschäftsbeziehung wieder entspannt und normalisiert. Der Kunde hat wieder begonnen, bei uns zu kaufen, und auch im Service-Bereich wird die langjährige gewachsene Geschäftsbeziehung fortgesetzt.

Beim Nachdenken über das Thema Sanftmut möchte ich noch ein Alltagsthema aufgreifen: **Der Umgang mit Mitarbeitern, die sich negativ verhalten oder nicht die erwarteten Leistungen erbringen.**

Wie solltest du mit einer solchen Situation umgehen? Gelten für einen Nachfolger Jesu andere Wertmaßstäbe? Solche oder ähnliche Fragen kenne ich insbesondere von jüngeren Führungskräften.

Rückblickend, so würde ich heute sagen, habe ich hier meine größten Fehler als Führungskraft begangen. Ich habe „Sanftmut" und „Liebe" damals falsch verstanden und mich sehr viel mit Mitarbeitern beschäftigt, die schlechte Leistungen erbracht oder sich nicht im Sinne unserer Erwartungen verhalten haben. Ich habe viel im Führungskreis über sie gesprochen, ich habe viel mit ihnen gesprochen, und ich habe ihnen eine zweite oder dritte Chance an ihrem – oder einem anderen – Arbeitsplatz angeboten. Ich habe Sanftmut und Liebe mit Inkonsequenz und Unwahrhaftigkeit verwechselt.

Betrachten wir die Leistung eines Mitarbeiters, geht es vereinfacht gesprochen um die drei Bereiche „Dürfen", „Können" und „Wollen". Hat der Mitarbeiter das Mandat und den Handlungsspielraum für diese Aufgabe („Dürfen")? Hat der Mitarbeiter genug Kompetenz und Erfahrung für diese Aufgabe („Können")? Hat der Mitarbeiter die Motivation und die Haltung für diese Aufgabe, hat er die richtige innere Einstellung („Wollen")?

Kann er nicht oder darf er gar nicht, und es kommt deshalb zu Problemen, lohnt es sich als Führungskraft, sich intensiv der Sache anzunehmen. Es ist unsere Aufgabe als Führungskräfte, unsere Mitarbeiter zu fördern und zu entwickeln und die Strukturen der Zusammenarbeit zu gestalten.

Doch wenn der Mitarbeiter nicht (fleißig arbeiten) will oder seine Haltungen und seinen Umgang mit anderen den gewünschten Unternehmenswerten nicht anpassen will (oder kann?), dann muss man diesem Mitarbeiter mit Respekt die Erwartungen des Unternehmens erneut erklären – dies sollte man fairerweise zum ersten Mal gleich nach der Einstellung tun – und ihn bei Fehlverhalten oder schlechter Leistung verwarnen. Arbeitsrechtlich erhält er dann eine Ermahnung und bei wiederholtem Fehlverhalten eine Abmahnung. Wiederholen sich das Fehlverhalten oder die schlechte Leistung dennoch, sollte man sich getrost und ohne schlechtes Gewissen von diesem Mitarbeiter trennen.

Es gibt viele gute Gründe, wieso das der einzig gesunde Weg ist:

Erstens kostet diese Person die Führungskraft laufend Energie und Zeit.

Zweitens kosten Schlechtleistung oder Fehlverhalten dem Unternehmen Geld.

Drittens ist ein inkonsequentes Verhalten der Führungskraft unsozial. Anstatt sich mit den willigen und guten Mitarbeitern zu beschäftigen und diese in jeder Hinsicht zu fördern, beschäftigt sich die Führungskraft mit dem, der eigentlich gar nicht will. Und die guten Mitarbeiter müssen auch noch dessen Arbeit mit erledigen oder sogar unter der Person leiden, sofern es sich um eine Führungskraft handelt.

Viertens sendet ein solches inkonsequentes Verhalten die falschen Signale und verdirbt eine „Freude-an-Leistung-Kultur". Leistung lohnt sich eben doch nicht. Schlechtleistung wird toleriert.

Fünftens verdirbt ein solches inkonsequentes Verhalten die Unternehmenskultur. Denn die Mitarbeiter, die nicht wollen, verstoßen mit ihrem Verhalten regelmäßig gegen die gewünschten Unternehmenswerte und reden in der Regel auch negativ über dieses und jenes und über das Unternehmen und verderben damit das Betriebsklima.

Alle fünf Tatsachen schaden dem Unternehmen, teilweise sogar nachhaltig.

Das alles lässt sich durch einen wahrhaftigen Umgang und ein konsequentes Führungsverhalten verhindern – und hat eigentlich nichts mit dem Thema Sanftmut zu tun ☺.

Erfahrungsbericht von Dr. Ulrich Albrecht-Früh

Sanft-Mut

Die Sanftmütigen werden das Land erben? Und Sanftmut gehört zu den Kerntugenden, die jeden Jünger Jesu kennzeichnen sollten?

 Ich muss gestehen, dass ich mit dieser Aussage Jesu lange überhaupt nichts anfangen konnte. Ich habe sie lange Zeit als Aufforderung zur „Sanftheit" verstanden. Be soft. Deshalb konnte ich mir kaum vorstellen, dass sanftmütige Leute die Welt besitzen würden. Den Himmel vielleicht, aber die Macht über Unternehmen oder Länder? Oder sind sanfte Firmenlenker erfolgreicher? Gibt es einen geheimen heiligen Bonus für Sanftheit? Tatsächlich kannte ich wenige respektierte und erfolgreiche Manager, die ich als sanft bezeichnet hätte. Der gute Manager entwickelt

Strategien, verfolgt Ziele, prüft deren Erreichung und greift konsequent durch. Das geht selten sanft. Natürlich kann er dennoch sympathisch, nett und sogar empathisch sein. Aber sanft?

Wie verhält man sich als junger Ingenieur in einem Konzern sanftmütig, wenn man gern mehr Verantwortung übernehmen würde, weil man glaubt, es besser als andere machen zu können? Wartet man geduldig, bis man gesehen wird, oder spinnt man strategische Fäden für die eigene Karriere? Wie setzt man mit Sanftmut die Unternehmensinteressen in Verhandlungen durch? Wie führt man sanftmütig Mitarbeiter, die ihre Aufgaben nicht erfüllen?

So richtig habe ich das lange Zeit nicht zusammengebracht. Ich erinnere mich noch sehr lebendig an eine Situation in den USA. Ich war als frischer CEO verantwortlich für den Aufbau eines Werkes und die Entwicklung einer Mannschaft aus Amerikanern, Mexikanern und Deutschen. Das Budget von über 1,3 Mrd. USD war unter erheblichem Druck, die Marktbedingungen hatten sich drastisch verändert. Aus einem persönlichen Mix aus Leadership-Theorie, christlichen Werten (wie ich Sanftmut verstanden hatte) und Persönlichkeitstyp führte ich kooperativ als eine Art Spielertrainer. „Lasst uns respektvoll miteinander umgehen und alle ins Boot holen." Dieser Führungsstil hat sich in der Krise nicht wirklich bewährt. Nach Wochen gab mir glücklicherweise ein Mitarbeiter und Freund folgendes Feedback: „Dein Streben nach Konsens und Harmonie führt nicht zu gegenseitigem Verständnis, sondern ist die Ursache für zunehmenden Frust aller!" Ich lenkte ein, wurde klarer, entschied schneller, Probleme konnten gelöst werden, und die Stimmung wurde besser. Allerdings mischte sich für mich Wasser in den Wein. Ich hatte das Gefühl, meine Werte teilweise verraten zu haben. Ich war nicht mehr sanft. Ich fragte mich, ob hier die Grenzen dessen erreicht sind, was sich von den Reden Jesu auf das Management übertragen lässt?

In einem ausgezeichneten ThyssenKrupp-Leadership-Seminar in Harvard wurde uns Teilnehmern das Ergebnis einer Leadershipstudie von Jim Collins aus dem Jahre 2001 vorgestellt. Collins und sein Team untersuchten die charakterlichen Eigenschaften von sogenannten „Level 5 Leadern". Als „Level 5 Leader" werden solche Leiter bezeichnet, die Unternehmen nicht nur sehr gut führen, sondern sie völlig neu aufgestellt haben. Die Unternehmen waren fortan strategisch exzellent positioniert und erwirtschafteten jahrzehntelang Ergebnisse, die den Branchendurchschnitt weit übertrafen. Nach intensiver Auseinandersetzung mit diesen wenigen Ausnahme-Unternehmenslenkern wurden zwei signifikante Charaktereigenschaften unzweifelhaft identifiziert. Die eine erstaunte wenig: Entschlossenheit und Durchsetzungsstärke. Die zweite signifikante Eigenschaft war überraschend. Die Leiter hatten eine Haltung, die sich laut Collins mit „Demut" am ehesten beschreiben ließ. Diese Leiter hatten den Mut und den Willen, radikale Neuausrichtungen im Unternehmen vorzunehmen und durchzusetzen, allerdings ohne dass sie sich selbst zum Mittelpunkt gemacht hätten. Das eigene Ego schien keine Rolle zu spielen, bis dahin, dass die CEOs es ablehnten, als Vater des Erfolgs zu gelten. Auch äußerlich entsprach ihr Leben nicht dem des Triumphators. Manche wohnten in vergleichsweise einfachen Wohngegenden, keiner lebte einen exzentrischen Lebensstil, und einer fuhr sogar nach vielen Jahren immer noch den alten Dienstwagen.

Ich habe in meiner Zeit im Konzern – aber auch in meiner Beratungstätigkeit – viele verschiedene Leiter kennengelernt. Die Kombination aus Durchsetzungsstärke und Demut ist sehr selten. Entweder überwiegt Durchsetzungsstärke, allerdings angereichert mit Eigensinnigkeit, Eitelkeit und Egoismus, oder Demut, die sich bald als Entscheidungsschwäche und Mangel an Courage entpuppt. Aber manchmal, manchmal sind sie mir im Ansatz begegnet, diese „Level 5 Leader". Und diese Begegnungen sind mir unvergessen.

Aber zurück zur Sanftmut. Es fällt mir nun fast schwer, die beiden „Level 5 Leadership"-Eigenschaften nicht mit dem Begriff Sanft-Mut in Verbindung zu bringen. Es ist eine mutige Entschlossenheit, die auf ein gutes Ziel ausgerichtet ist, aber gleichzeitig der Versuchung widersteht, rücksichtslos dem eigenen Ego zu dienen.

Heute beeindruckt und begeistert es mich, dass Jesus erklärt, die Sanftmütigen werden das Land erben. Gute Manager müssen nicht mit unlauteren und rücksichtslosen Methoden oder herabwürdigenden und manipulativen Mitteln handeln, um erfolgreich zu sein. Leidenschaftliche Entschlossenheit, Durchsetzungskraft und Konsequenz stehen nicht im Widerspruch zu einem sanftmütigen, aufrichtigen oder barmherzigen Umgang mit Mitarbeitern oder Geschäftspartnern. Doch es braucht Mut, ob Sanft-Mut oder De-Mut. Das ist nach 2000 Jahren noch immer top-aktuell und offensichtlich auch das Credo moderner Leadership-Erkenntnisse.

Was hatte mich veranlasst, Sanftmut auf Sanftheit zu reduzieren? Beim genaueren Studieren der Person Jesu hätte man es sehen können. Jesus erklärt sich an anderer Stelle als Muster für Sanftmütigkeit. Er sei sanftmütig! Ja, er sieht den Einzelnen wie kein anderer und erträgt seine ungerechtfertigte Verurteilung wie ein stummes Lamm. Aber gleichzeitig hat ihn Sanftmut nicht daran gehindert, ein korruptes religiöses System öffentlich anzuprangern, Impulsivität zuzulassen und einzelne Würdenträger öffentlich vorzuführen.

Sanftmut dient mir inzwischen als Werte-Orientierung im normalen sowie im komplexen Kontext. Aber es ist eine Sanftmut-Journey – meine ganz persönliche. Dass Jesus diese Zusammenhänge schon vor 2000 Jahren erklärte, macht mich neugierig, noch mehr von ihm zu lernen.

VII Großzügigkeit und Auszeichnung

10 „Großzügigkeit und Auszeichnung"

Glücklich die Friedensstifter, denn sie werden Söhne Gottes heißen.

Je ähnlicher du Jesus auf deinem Weg mit ihm wirst, umso großzügiger und selbstloser wirst du in deinem Denken, Fühlen und Handeln. Umso mehr Frieden und Freude wirst du in deinem Umfeld verbreiten. Ein ausgezeichnetes Leben!

> „Doch liebet eure Feinde, und tut Gutes, und leiht, ohne etwas wieder zu hoffen, und euer Lohn wird groß sein, und ihr werdet Söhne des Höchsten sein; denn er ist gütig gegen die Undankbaren und Bösen."
> (Lukas 6,35)

Die ganze Welt, jeder einzelne Mensch sehnt sich nach Frieden. Und doch erleben wir in den meisten Regionen der Welt ein Wechselspiel aus Hass und Gewalt. Manchmal geht es schon mit Unfrieden in der unmittelbaren Nachbarschaft los!

Wie können wir zu echtem Frieden beitragen? Wie können wir ein Friedensstifter werden?

Jesus lehrt uns in seiner Rede auf dem Berg einen Weg, dem wir folgen können, um ein Friedensstifter zu werden:

36 „Der Weg zum Friedensstifter"

Dieser Weg beginnt mit dem Glauben **(I Vertrauen und Erleben)**, dem Glauben an Jesus Christus, an Vater, Sohn und Heiligen Geist und an Gottes Verheißungen und Sein Wirken, auch heute noch. Wahrer Friede beginnt mit unserem, mit deinem Frieden mit Gott.

1 Da wir nun gerechtfertigt worden sind aus Glauben, so haben wir Frieden mit Gott durch unseren Herrn Jesus Christus, ...
   (Römer 5,1)

Auf der nächsten Etappe des Weges geht es darum, sich selbst im Angesicht Gottes zu erkennen. Du erkennst deine eigene Unvollkommenheit, du wirst traurig darüber und lässt dich von Jesus trösten und beauftragen **(II Selbsterkenntnis und Wertschätzung)**.

Nachdem du das Geschenk der (Ge-)Rechtsprechung durch Jesus angenommen hast, wird in der Gemeinschaft mit Gott deine Sehnsucht nach Geborgenheit und Liebe gestillt. Du hast innerlichen Frieden und ruhst in seiner Liebe **(III Sehnsucht und Gemeinschaft)**. Das ist die beste Basis, anderen Menschen zu begegnen, gerade in schwierigen Situationen.

Dann werden die Lebensprioritäten neu geordnet **(IV Lebensausrichtung und Lebensfreude)**. „Jesus first", so könnte der neue Slogan lauten. Dazu gehört auch zu lernen, den Menschen zu vergeben, die mich schlecht oder ungerecht behandelt oder verletzt haben **(V Vergebung Zug um Zug)**. Jesus hat uns auch diesbezüglich ein Beispiel gegeben.

8   Gott aber erweist seine Liebe zu uns darin, dass der Christus, als wir noch Sünder waren, für uns gestorben ist ...
10 Denn wenn wir, als wir Feinde waren, mit Gott versöhnt wurden durch den Tod seines Sohnes, ...
(Römer 5,8+10)

Gott ist den ersten Schritt für uns auf dem Weg zum Frieden gegangen. Daher dürfen und können wir ihm folgen.

Im weiteren Verlauf des Weges geht es darum zu lernen, auch bei Angriffen konsequent in der Nachfolge Jesu zu bleiben und sich durch das schlechte Verhalten anderer nicht in Versuchung führen zu lassen **(VI Treue und Nachhaltigkeit)**. Sonst kommen wir vom Weg ab.

Ich denke, wenn wir all das gelernt und verinnerlicht haben, wenn wir den Weg bis hierhin gegangen sind, können wir die Steigerung von Sanftmütigkeit erlernen, nämlich unsere Feinde zu lieben, und zu einem Friedensstifter werden.

Versteht man die Aufforderungen Jesu nach Selbst- und Sündenerkenntnis, sein Gebot, andere nicht zu verurteilen und sanftmütig zu sein, und nimmt man sie ernst, überrascht die Aufforderung „Liebet eure Feinde" nicht mehr. Sie ist beinahe eine logische Fortführung!

Auch die Verheißung der Seligpreisung: „sie werden Söhne Gottes heißen", ist konsequent: Jesus war der Sohn Gottes und doch wahrer Mensch, ein echter Mensch wie du und ich! Menschen, die ihm so konsequent nachfolgen, dass sie ihre Feinde lieben können und Frieden stiften, werden Jesus immer ähnlicher, „zum Verwechseln ähnlich" ☺.

Hier nun der Text aus der Rede zum Thema Friedensstifter:

43 Ihr habt gehört, dass gesagt ist: Du sollst deinen Nächsten lieben und deinen Feind hassen.
44 Ich aber sage euch: Liebet eure Feinde, und betet für die, die euch verfolgen,
45 damit ihr Söhne eures Vaters seid, der in den Himmeln ist! Denn er lässt seine Sonne aufgehen über Böse und Gute und lässt regnen über Gerechte und Ungerechte.
46 Denn wenn ihr liebt, die euch lieben, welchen Lohn habt ihr? Tun nicht auch die Zöllner dasselbe?
47 Und wenn ihr allein eure Brüder grüßt, was tut ihr Besonderes? Tun nicht auch die von den Nationen dasselbe?
(Matthäus 5,43-47)

Mit der Aussage in den Versen 44 und 45: „Ich aber sage euch: Liebt eure Feinde, und betet für die, die euch verfolgen, damit ihr Söhne eures Vaters seid, der in den Himmeln ist!", wiederholt Jesus die Verheißung aus den Seligpreisungen „denn sie werden Söhne Gottes heißen" mit anderen Worten.

„Sie werden Söhne Gottes heißen", was für eine Auszeichnung!

„Denn er lässt seine Sonne aufgehen über Böse und Gute und lässt regnen über Gerechte und Ungerechte."

Gott liebt auch die Bösen und Ungerechten, nicht nur die, die ihn lieben und anbeten! Er ist weitherzig und großzügig. Seine Schöpfung, als „ausgegossene, gestaltgewordene Liebe", ist für alle Menschen da. Gott straft die bösen Menschen in ihrem irdischen Leben nicht direkt. Er greift nicht strafend ein. Sein Gericht kommt später (lies Offenbarung 20 und 21).

Jesus sagt:

46 Ich bin als Licht in die Welt gekommen, auf dass jeder, der an mich glaubt, nicht in der Finsternis bleibe;
47 und wenn jemand meine Worte hört und nicht bewahrt, so richte ich ihn nicht, denn ich bin nicht gekommen, auf dass ich die Welt richte, sondern auf dass ich die Welt errette.

48 Wer mich verwirft und meine Worte nicht annimmt, hat den, der ihn richtet: Das Wort, das ich geredet habe, das wird ihn richten an dem letzten Tage.
(Johannes 12,46-48)

Das heißt doch, wir Menschen strafen uns selbst, wenn wir Gott und seinen guten und gesunden Empfehlungen für ein erfolgreiches, gelingendes Leben misstrauen und uns auch noch gegenseitig Schaden zufügen. Gott ist zwar „eifersüchtig und bekümmert", aber er lässt uns in Freiheit unseren (verkehrten) Weg gehen. Etwas krass drückt die Bibel das gelegentlich mit den Worten aus: „Gott gibt sie dahin ..." (z. B. Römer 1,24).

Menschen, die Streit suchen, sich Böses ausdenken oder Unfrieden verbreiten, schaden ihren Mitmenschen, und sie schaden sich selbst. Ich behaupte, dass die meisten Menschen, die sich so verhalten, mit ihrem eigenen Leben und häufig mit sich selbst unzufrieden sind. Sie lieben nicht nur die anderen Menschen nicht, sie lieben auch häufig sich selbst nicht. Gott ermutigt uns, diese Menschen weitherzig „nach Hause zu lieben". Sie so zu behandeln und für sie zu beten, dass sie Gott begegnen, bei ihm zur Ruhe kommen und Frieden finden.

Was bedeutet nun „liebet eure Feinde"?

Mit „liebet eure Feinde" kann sicher kein positives emotionales Empfinden gegenüber der betreffenden Person gemeint oder gefordert sein. Das wäre unmenschlich. Was dann? Wie kann „liebet eure Feinde" praktisch aussehen?

Worin kommt unsere Liebe zum Nächsten im Allgemeinen zum Ausdruck? In der Regel durch Freundlichkeit, Großzügigkeit, Hilfsbereitschaft, Rat, Wertschätzung und Gastfreundschaft.

Kannst du gegenüber „Bösen und Ungerechten" freundlich, hilfsbereit und großzügig, ja, ratgebend, wertschätzend und gastfreundlich sein? Auch denen gegenüber, die dir ganz persönlich Böses wollen, schlecht über dich reden, Misstrauen über dich säen, dich verleumden, dir „Fallen stellen" oder „an deinem Stuhl sägen"?

Jesus traut dir das zu. Er wünscht sich von dir als Tochter oder Sohn Gottes, dass du diese Menschen grüßt, sie wahrnimmst und damit wertschätzt. Es ist keinesfalls gemeint, dass du ihr schlechtes Verhalten wertschätzen sollst, sondern du respektierst sie als Mit-Menschen, als Mit-Geschöpfe Gottes. So hat Jesus es vorgelebt. Jesus ermutigt dich, dass du ihnen nach deinen allgemeinen Möglichkeiten Gutes tust und großzügig bist. Das heißt also, dass du nicht bei sanftmütigem Verhalten stehen bleibst. Sanftmütiges Verhalten bedeutet, dass du nicht in „gleicher Gesinnung antwortest", dich also nicht auch „schlecht benimmst". „Deine Feinde lieben" bedeutet dann darüber hinaus, dass du diesen Menschen im Rahmen deiner Möglichkeiten Gutes tust, ohne innerlich zu grollen oder bitter zu werden. Das ist viel verlangt. Insbesondere wenn sich an den Umständen sowie den Haltungen und Handlungen der anderen Menschen nichts ändert. Noch einmal: Das kann nicht bedeuten, dass du nicht im Rahmen deiner legalen Möglichkeiten gegen ihr schlechtes oder ungerechtes Verhalten vorgehst. Es geht hier um deine innere Einstellung zu den Menschen, nicht um falsche Toleranz gegenüber schlechtem Verhalten. Du kannst auch „ehrbar" gegen solches Verhalten vorgehen, ohne dich an der Person „rächen zu wollen" – und gleichzeitig kannst du diesem Menschen Gutes tun.

 Im Unternehmensalltag kann das bedeuten, einfach weiter professionell mit „dem Feind" zusammenzuarbeiten, nicht mehr, aber auch nicht weniger, anstatt ihn zu umgehen, ihn nicht zu informieren und womöglich noch abwertende Bemerkungen über ihn zu machen. Deinem Feind darüber hinaus deine Unterstützung in einem konkreten Sachverhalt anzubieten, wäre ein sehr weitherziges, großzügiges Verhalten und würde Jesus bestimmt gut gefallen.

37 „Liebet eure Feinde"

Paulus schreibt im Römerbrief, Kapitel 12 ab Vers 17:

17 Vergeltet niemand Böses mit Bösem; seid bedacht auf das, was ehrbar ist vor allen Menschen!
18 **Wenn möglich, soviel an euch ist, lebt mit allen Menschen in Frieden!**
19 Rächt euch nicht selbst, Geliebte, sondern gebt Raum dem Zorn [Gottes]! Denn es steht geschrieben: Mein ist die Rache; ich will vergelten, spricht der Herr.
20 **Wenn nun dein Feind hungert, so speise ihn; wenn ihn dürstet, so gib ihm zu trinken!** Denn wenn du das tust, wirst du feurige Kohlen auf sein Haupt sammeln.
21 Lass dich nicht vom Bösen überwinden, sondern **überwinde das Böse mit dem Guten!**
(Römer 12,17-21)

Im Alten Testament, in 2. Könige 6,8-23, steht ein schöner Bericht, der diese Einstellung widerspiegelt. Durch Gottes Eingreifen führt Elisa ein Heer der Aramäer mitten unter die Israeliten hinein nach Samaria. Elisa befiehlt dem König (in Gottes Namen), die Eingeschlossenen nicht zu erschlagen, sondern sie zu bewirten und wieder nach Hause zu schicken! Und dann heißt es: „Und die Streifscharen kamen fortan nicht mehr in das Land Israel." Friede! Das ist die Logik Gottes. Das bedeutet hier, Frieden zu stiften. Und das ist auch ein Beispiel für „Lass dich nicht vom Bösen überwinden, sondern überwinde das Böse mit dem Guten!" – in den Erzählungen des Alten Testaments ist ein solches Verhalten eher die Ausnahme.

„Ich aber sage euch: Liebet eure Feinde, und betet für die, die euch verfolgen, ..."

Jesus möchte, dass wir für unsere Feinde beten. Was sollen wir beten?

Dass unsere Feinde krank werden oder umkommen? Sicher nicht; das wäre eine Lösung ☺, aber nicht die Gesinnung Jesu.

Was dann? Was sollen wir beten?

Wir könnten unsere Feinde segnen und ihnen Gutes wünschen. Was könnten wir ihnen denn Gutes wünschen?

In Israel begrüßt man sich mit dem Wort „Friede". Der hebräische Begriff „Schalom" bedeutet zunächst Unversehrtheit, Heil; es ist damit aber nicht nur Befreiung von jedem Unheil und Unglück gemeint, sondern auch Gesundheit, Wohlfahrt, Sicherheit, Frieden und Ruhe. Auch die Araber grüßen sich mit „Friede sei mit dir!", As-salāmu 'alaykum. Ein solcher innerer Friede, wenn er sich tatsächlich einstellt und ausbreitet, verändert eine Person.

Oder wir wünschen unseren Feinden die guten Wünsche und Empfehlungen aus der Rede Jesu auf dem Berg: dass sie Gott erkennen, die Richtung ihres Weges ändern und an Jesus glauben; dass sie sich selbst und ihr Verhalten erkennen und traurig darüber werden; dass sie Jesu Gerechtigkeit für sich annehmen und ihm nachfolgen; dass sie sanftmütige Mitmenschen werden; und so weiter.

Oder das Gebet des Paulus aus dem Brief an die Epheser:

17 ... dass der Christus durch den Glauben in euren Herzen wohne und ihr in seiner Liebe gewurzelt und gegründet seid.
(Epheser 3,17)

17 dass der Gott unseres Herrn Jesus Christus, der Vater der Herrlichkeit, euch gebe den Geist der Weisheit und Offenbarung in der Erkenntnis seiner selbst.
18 Er erleuchtet die Augen eures Herzens, damit ihr wisst, was die Hoffnung seiner Berufung und was der Reichtum der Herrlichkeit seines Erbes in den Heiligen ist.
(Epheser 1,17-18).

Für uns selbst könnten wir beten: „Lass mich sehen, was du siehst, Jesus, und lass mich fühlen, was du fühlst." Gott möchte, dass wir ihn in unseren Konflikt mit einbeziehen, ihn daran teilhaben lassen. Paulus ermutigt die Jesus-Nachfolger in Philippi:

6 Seid um nichts besorgt, sondern in allem sollen durch Gebet und Flehen mit Danksagung eure Anliegen vor Gott kundwerden;
7 und der Friede Gottes, der allen Verstand übersteigt, wird eure Herzen und eure Gedanken bewahren in Christus Jesus.
(Philipper 4,6-7)

Gott kann und wird dich vor Bitterkeit und Selbstmitleid und vor verurteilenden Rachegedanken bewahren. Frieden können wir nur gemeinsam mit Gott, aus ihm heraus, stiften. Zumindest kann ich es mir nicht anders vorstellen.

Beide Gebete, der Segen für unsere Feinde und unser Reden mit Gott, werden unsere Einstellung zu unseren Feinden verändern.

Dies alles darf jetzt bitte nicht so verstanden werden, dass ich „gerecht" bin und meine Feinde „ungerecht" sind.

Denn das würden einige meiner Mitmenschen natürlich genau umgekehrt sehen, nämlich die, die mich als ihren Feind empfinden. Es geht nicht um Beurteilung oder Verurteilung. Wir sollten nicht richten.

Dennoch empfinden wir andere als Feinde und haben dementsprechende Emotionen. Das zu verneinen wäre unaufrichtig. Aus Gottes Sicht sind wir beide unvollkommene Menschen, mein Feind und ich. Wir tun und denken beide Dinge, die nicht in Gottes Sinne sind, allein deshalb, weil sie uns oder unseren Mitmenschen schaden. Gerecht vor Gott werden wir beide erst durch Jesus Christus. Bei „liebe deine Feinde" geht es um meine Einstellung und mein Handeln gegenüber meinem Nächsten (gegenüber dem ich keine positiven Gefühle habe), nicht um eine subjektive oder pseudo-objektive Beurteilung. Frieden zu stiften fängt mit der inneren Einstellung an, zu Gott, zu mir selbst und zu meinem Gegenüber.

Meine persönliche Erfahrung

„Ich aber sage euch: Liebet eure Feinde, und betet für die, die euch verfolgen, damit ihr Söhne eures Vaters seid, der in den Himmeln ist! Denn er lässt seine Sonne aufgehen über Böse und Gute und lässt regnen über Gerechte und Ungerechte."

Ein schwieriges, vielleicht das schwierigste Kapitel! Im Nachdenken darüber, wie es konkret aussehen kann, meine Feinde zu lieben – immer wieder ein verrückter Gedanke –, empfand ich die Erklärung in der Rede Jesu als Hilfestellung, dass Gott seine Sonne über Böse und Gute aufgehen lässt. Und auch Regen ist im regionalen Kontext der Bibel etwas Positives ☺. So sieht Gottes Liebe aus, auch für die Bösen. Er ist weitherzig und großzügig.

Nun habe ich überlegt, was das für mich als Chef meines Unternehmens bedeuten kann, „meine Sonne auch über meinen Feinden scheinen zu lassen". Leider gibt es in großen Gemeinschaften wie einem Unternehmen Menschen, die gezielt Misstrauen säen, Missverständnisse herbeiführen, andere illegal unter Druck setzen, anderen Angst machen oder auf Kosten der Gemeinschaft leben. Diese Menschen sind meine Feinde, weil sie die Gemeinschaft im Unternehmen stören oder sogar zerstören. Diese Menschen sind dann zum Beispiel auch meine persönlichen Feinde, wenn sich ihre Intrigen oder Verleumdung direkt gegen meine Person richten. In solchen Fällen habe ich manchmal „Sintflut-Gedanken". Meine Motivation sinkt, ich werde anfällig für Selbstmitleid und beantworte die Sinn-Frage meines Tuns nicht mehr objektiv. Nach dem schönen deutschen Wort „ärgere ich mich" (wahrscheinlich genau das, was meine Feinde erreichen wollen). „Sintflut" würde bedeuten, aus Zorn über die Feinde zu zerstören, unverhältnismäßige Maßnahmen ihnen gegenüber zu ergreifen, als geschäftsführender Gesellschafter auszusteigen, das Unternehmen zu verkaufen oder was auch immer. „Die Sonne scheinen zu lassen" kann bedeuten, sich nicht entmutigen zu lassen, indem ich auf die positiv-motivierten Menschen achte, die Erfolge und Früchte des gemeinsam Erreichten würdige und dies dann auch emotional den anderen, negativen Gefühlen entgegenstelle. „Die Sonne scheinen zu lassen" kann bedeuten, weiter Verantwortung zu übernehmen, weiter Arbeitgeber zu sein und mit meinen Möglichkeiten den Menschen in meinem Umfeld zu dienen und Sinn und Lebensqualität zu fördern. Und dies weitherzig und großzügig auch für meine Feinde!

Erfahrungsbericht von Dr. Hans Martin Weiffenbach

Bessere Verhandlungsposition
 Es gilt in meinen Kreisen als feste Regel, für ordentliche Leistung auch ordentliches Geld zu verlangen, notfalls die Ansprüche auch gerichtlich durchzusetzen. Kommt es zu Zahlungsausfällen, dann liegt eine finanzielle Schieflage vor, eine Unzufriedenheit mit der Leistung – oder es ist echter Betrug. Mit der letztgenannten Form hatte ich nur wenige Male zu tun. Dort ist Nachsicht falsch. Sie bringt Nachahmer auf den Plan.

Für die anderen Fälle suche ich stets einen Ausgleich abseits von Mahnverfahren und Gerichten. Das kann ein Abschlag sein oder eine Stundung.

Ganz besonders, wenn der Patient mit meiner Leistung nicht zufrieden ist, gehe ich bewusst aus der Konfrontation heraus. Ich frage genau nach und spiegle, wo immer möglich, dem Patienten Verständnis für seine Sicht. Ich biete unentgeltliche Nachbesserung an oder verzichte auf Honorar.

Die übliche Praxis, zunächst alles abzustreiten und die erbrachte Leistung als unstrittig fehlerfrei zu beschreiben, entspricht zwar der Forderung der Haftpflichtversicherer und wahrt angeblich eine bessere Verhandlungsposition. Es entwickelt sich aber allzu leicht ein Teufelskreis aus Forderungen und Vorwürfen. Am Ende steht tiefer Streit.

Den anderen Weg, dem unzufriedenen „Kunden" von Beginn an freundlich zu begegnen und eine gütliche Einigung über alle Streitpunkte zu stellen, habe ich als außerordentlich hilfreich erlebt. Noch nie war ich in 35 Jahren mit einem Kontrahenten vor Gericht. Meine Ausfälle durch Honorarverzicht liegen noch nicht einmal im Prozentbereich. Und ich kann meinen Patienten auf der Straße mit gutem Gewissen begegnen.

Dieses Verhalten speist sich aus zwei Quellen.

Einmal aus der Anweisung Jesu zum „Friedenstiften". Das beginnt eben nicht erst dann, wenn ein Streit evident ausgebrochen ist, sondern schon lange vorher, wo man auf eigenen Positionen und Vorteilen beharrt, auch dann, wenn der andere stichhaltige Argumente auffährt.

Zum anderen hat mich Bernard Lowns Buch „Die verlorene Kunst des Heilens" sehr nachdenklich gemacht. Dort schreibt der Friedensnobelpreisträger, dass seiner Erfahrung nach die schlimmsten Arzthaftungsprozesse erst entstünden, weil sich Ärzte als unangreifbare „Halbgötter in Weiß" verstehen und es versäumen, rechtzeitig aus der Spirale von Vorwürfen und Rechtfertigungen auszusteigen.

Wenn mich einer ungerechtfertigt beschuldigt, versuche ich in Ruhe meine Sicht darzulegen, verzichte aber auf Gegenangriffe. Das gehört zum Friedenstiften. Manchmal laufen auch Kosten einer zuzahlungspflichtigen Leistung aus dem Ruder. Egal, ob der Techniker mehr Material braucht als kalkuliert oder ob besondere Schwierigkeiten die Behandlung verteuert haben. Dann erkläre ich dem Patienten die Lage und biete ein Entgegenkommen an. „Können wir uns den Schaden teilen? Ich würde mich mit 40 Prozent beteiligen, damit Sie nicht alleine auf den Mehrkosten sitzen bleiben."

Nicht zu verwechseln ist „Friedenstiften" mit Feigheit und unterwürfiger Nachgiebigkeit. Meine Helferinnen können sich darauf verlassen, dass ich mich in Fällen von (bisher glücklicherweise nur verbalen) Attacken seitens Patienten oder Lieferanten freundlich, aber unmissverständlich vor sie stelle. Auch aufdringliche Vertreter kann ich ziemlich unsanft abweisen. Regelrecht scharf bin ich nur dann geworden, wenn jemand zu Flüchen griff. „Sie können mich angreifen, aber meinen Gott lasse ich nicht beleidigen. Wenn Sie das tun wollen, verlassen Sie bitte meine Praxis!"

Punktuell habe ich es erlebt, dass Patienten mich fragen, was das Geheimnis der besonderen Atmosphäre in meiner Praxis sei. Das sind dann Highlights, wo ich in schlichten Worten auf meinen Herrn Jesus hinweise.

Unvergessen bleiben mir Erlebnisse, wo es möglich war, für Patienten zu beten. Wenn mich jemand bittet, für ihn „die Daumen zu drücken", dann stelle ich richtig, dass dies nicht mein Tool ist, dass ich aber gerne für das Anliegen bete. Besonders wirkungsvoll ist es, dies gemeinsam zu tun.

Übrigens: Füreinander oder miteinander zu beten fördert auch Frieden, in mir selbst und in anderen!

Erfahrungsbericht von Joachim Loh

Im Wettbewerb

Was bedeutet „liebe deine Feinde" im Wettbewerb von Unternehmen und Unternehmern? Muss ich meine Konkurrenten lieben? Wie gestaltet sich der Kampf um Marktanteile nach dem Gebot Jesu?

 Ich besuchte einmal ein Seminar mit dem Titel „Marketing Warfare". Die Referenten waren hohe Militärs und Marketing-Fachleute. Die militärischen Grundsätze im Krieg wurden als Beispiele auf erfolgreiches oder nicht erfolgreiches Marketing übertragen. Daraus ergaben sich dann Handlungsempfehlungen oder Strategien für Unternehmer und Marketingmanager. Die gewonnenen Feldzüge großer Feldherren klangen ja sehr überzeugend, und die Beispiele großer Konzerne, die ähnliche

Strategien angewandt hatten, waren fantastisch. Sollte man also Carl von Clausewitz' Buch „Vom Kriege" in der Unternehmensführung anwenden?

Für mich kam das nicht in Frage. Für mich sind die Menschen in den Unternehmen der Mitbewerber auch Geschöpfe Gottes, selbst wenn sie meine Niederlage im Markt wollen, vielleicht sogar unfaire Mittel dabei einsetzen. Meine Maxime im Wettbewerb war immer: „Besser sein als der Wettbewerber." Vor allem technisch überlegen zu sein durch gute innovative Ideen. Forschung und Entwicklung, eine teure Angelegenheit, lohnt sich! Nicht der Konflikt z. B. im Preiswettbewerb führt zum Erfolg, sondern die Problemlösung für den Kunden, die überzeugt.

Ich habe deshalb versucht, mit meinen Mitbewerbern auch persönlich den Kontakt zu suchen, im Gespräch zu sein, Konfrontation zu vermeiden und bei allem Wettbewerb um die Gunst des Kunden fair und berechenbar zu sein. Gerade Letzteres stieß bei manchen Mitarbeitern auf Unverständnis. Muss man nicht den Wettbewerb durch Fehlinformation in die Irre leiten?, wurde ich oft gefragt.

Diese Strategie hat nicht zu Marktanteilsverlusten, sondern eher zu beständigen Kundenbeziehungen und Marktanteilsgewinnen geführt. Ein Wettbewerber hatte sich auf die Fahnen geschrieben, mein Unternehmen „kaputt zu machen". Er warb sogar eine meiner Führungskräfte ab. Aber heute weiß jeder, dass es nicht gelungen ist. Im Gegenteil, der Wert des Wettbewerbsunternehmens ging dramatisch zurück. Erst als seine Strategie durch einen Managementwechsel geändert wurde, stiegen die Werte wieder. Heute steht dieses Unternehmen nicht mehr mit uns im Wettbewerb, weil es Produktsegmente aufgegeben hat.

Ich glaube daran, dass Gott faires Verhalten auch im Wettbewerb segnet. Ich muss mich nicht für das Wohl meines Wettbewerbers einsetzen. Aber ich muss auch keine Tricks oder unfaire Methoden einsetzen, um den Wettbewerb zu gewinnen. Das schaffe ich mit innovativer Überlegenheit. Der Grundsatz: „Be different – und dabei fair", hat sich bewährt.

Und doch bleibt es eine große Herausforderung, immer wieder die Nase im Kampf um den Kunden vorn zu behalten. Doch die Anstrengung mit dem besseren Produkt, der besseren Dienstleistung führt zu Erfolg, nicht „warfare". Frieden bringt auch im Markt mehr als Krieg!

Die Nachfolger Jesu

Glücklich die um Gerechtigkeit willen Verfolgten,
denn ihrer ist das Reich der Himmel.

Zählt man die Seligpreisungen in der Management-Summary vom Anfang der Rede Jesu, kommt man auf insgesamt neun. Achtmal beginnt Jesus den Satz mit „Glücklich, die …", und nur einmal mit „Glücklich seid ihr …".

Vielleicht meint Jesus das so: Wer den gelehrten und aufgezeigten Weg Schritt für Schritt geht, wer sich Seligpreisung für Seligpreisung auf Jesu Worte einlässt, ist am Ende einer von Jesu Jüngern (oder heute: Nachfolgern). Dann kann Jesus ihn direkt ansprechen: „Glücklich seid ihr …"

Die letzten beiden Seligpreisungen lauten:

10 Glücklich die um Gerechtigkeit willen Verfolgten, denn ihrer ist das Reich der Himmel.
11 Glücklich seid ihr, wenn sie euch schmähen und verfolgen und alles Böse lügnerisch gegen euch reden werden um meinetwillen.
12 Freut euch und jubelt, denn euer Lohn ist groß in den Himmeln; denn ebenso haben sie die Propheten verfolgt, die vor euch waren.
(Matthäus 5,10-12)

Die Verse 11 und 12 zusammen sind im Grunde eine Wiederholung von Vers 10. Jesus macht klar: „Die um der Gerechtigkeit willen Verfolgten, das seid ihr, wenn sie euch schmähen und verfolgen um meinetwillen." Unsere Gerechtigkeit ist und heißt Jesus!

Interessant, dass Jesus im Vers 11 drei Dinge erwähnt, vor denen jeder Mensch, der sich eigentlich nach Liebe und Anerkennung sehnt, Angst hat:

- Dass unsere Mitmenschen uns schmähen, also uns demütigen, herabsetzen oder lächerlich machen.
- Dass unsere Mitmenschen uns verfolgen, also uns einsperren oder sogar „unseren Leib und unser Leben wollen".
- Dass unsere Mitmenschen alles Böse lügnerisch gegen uns reden, also uns beschimpfen, uns verleumden oder falsche Gerüchte über uns erzählen.

Es ist den Jesus-Nachfolgern (leider) nicht verheißen, dass sie ein einfaches, unangefochtenes Leben ohne Feinde führen werden, wenn sie nur richtig glauben!

In Jesu Aussage „um meinetwillen" bringt er sein Anliegen am Schluss der Management-Summary „auf den Punkt": „Es geht um mich!" Es geht um Jesus! Es geht um den Glauben an Jesus. Es geht um die Gerechtigkeit durch Jesus. Es geht darum, im Leben seinem Beispiel zu folgen, nämlich klar und konsequent, sanftmütig und barmherzig und ganz auf Gott-Vater ausgerichtet. So geschieht Gottes Wille hier auf Erden wie im Himmel, so wächst sein Reich.

Diese beiden letzten Seligpreisungen bedürfen anscheinend keiner weiteren Erklärung. Denn wer der Rede Jesu aufmerksam vom Anfang bis zum Ende zugehört hat, dem sind die möglichen Konsequenzen der Nachfolge Jesu klargeworden, auch ohne große Erläuterungen. Schon als Jesus über die Friedensstifter sprach, sagte er:

44 Ich aber sage euch: Liebet eure Feinde, und betet für die, die euch **verfolgen**, ..."
(Matthäus 5,44).

Die Verse 10 und 11 sprechen zudem für sich selbst eine deutliche Sprache.

Wenn wir den Weg, den Jesus uns in seiner Rede auf dem Berg lehrt, einschlagen, heißt das, dass wir Jesus nachfolgen. Und das kann durchaus gefährlich werden. Er selbst ist gekreuzigt worden! Ich hatte schon zu Beginn darauf hingewiesen: Ein Sanftmütiger und Friedensstifter muss mit seinem Reden und Tun nicht immer den Beifall der Mächtigen oder der Mehrheit bekommen, so wie Martin Luther, als er vor 500 Jahren seine Thesen an die Tür der Schlosskirche in Wittenberg schlug. In vielen Teilen der Welt werden Christen noch heute verfolgt, zum Beispiel in Nordkorea. Sie werden verfolgt, weil sie an die Gerechtigkeit durch Jesus glauben, nicht an die ihres Diktators. Sie werden verfolgt, weil sie den Vater in den Himmeln, den Sohn Jesus und den Heiligen Geist anbeten und nicht Großvater, Vater und Sohn der Herrscherfamilie.

Jesus vergleicht diese verfolgten Christen mit den Propheten des Alten Testaments (Matthäus 5,12). Auch das waren Menschen, die an Gott geglaubt haben und von ihm angesprochen, beauftragt und gesendet wurden. Und auch vielen von ihnen ist es schlecht ergangen. Auch damals wollten die Mächtigen nicht immer hören, was Gott zu sagen hat. Ihr Reden in Gottes Auftrag hat in der Regel sehr deutlich zum Ausdruck gebracht, dass Gott mit dem Handeln der Mächtigen nicht einverstanden gewesen ist. So wurden auch einige dieser Propheten verfolgt, um sie mundtot zu machen.

Aber auch hier, in diesen letzten Sätzen von Jesu Zusammenfassung, wird deutlich: „Habt keine Angst, ihr seid nicht die ersten von Gott Beauftragten, denen das passiert, ihr seid in guter Gesellschaft. Sie töten im schlimmsten Fall den Leib. Freut euch und jubelt über das, was euch erwartet. Es wird cool. Ihr bekommt euren Lohn, keine Sorge. Euch gehört das Reich der Himmel. Denn ich selbst werde bei euch wohnen, und ihr werdet mein Volk sein, und Gott der Vater selbst wird bei euch sein. Und er wird jede Träne von euren Augen abwischen, und der Tod wird nicht mehr sein noch Trauer, noch Geschrei, noch Schmerz wird mehr sein: denn das Erste ist vergangen. Und ihr werdet sehen: Siehe, ich mache alles neu" (nach Matthäus 5,10-12 und Offenbarung 21,3-5).

Weisungen und Warnungen

Schlussteil der Rede Jesu

Jesu Rede nähert sich dem Ende. Er ist mit den Erklärungen zu den Seligpreisungen fertig und gibt seinen Jüngern im Schlussteil der Schulung noch ein paar Tipps, Weisungen und Warnungen mit auf den Weg.

Besonnenheit

> 6 Gebt nicht das Heilige den Hunden; werft auch nicht eure Perlen vor die Schweine, damit sie diese nicht etwa mit ihren Füßen zertreten und sich umwenden und euch zerreißen.
> (Matthäus 7,6)

Mit seiner Lehre hat Jesus seinen Jüngern etwas sehr Wertvolles in die Hand gegeben. Einen Leitfaden für ein glückliches Leben. Ein Handbuch für ein Leben mit Gott. Zu Beginn seiner Schulung hat er ihnen gesagt: „Ihr seid jetzt bald das Licht der Welt. Stellt euer Licht nicht unter den Scheffel, sondern lasst es auch leuchten. Die Menschen sollen eure guten Werke sehen und dafür eurem Vater in den Himmeln danken und ihn verherrlichen" (nach Matthäus 5,14-16).

Jetzt, gegen Ende, folgt eine kleine Einheit in Punkto Taktik. „Überlegt euch bitte vorher, was ihr machen wollt und wohin ihr geht. Passt auf, seid ein bisschen weise und vorsichtig. Ihr braucht nicht gleich dahin gehen, wo schon vorauszusehen ist, dass diese Menschen euch und eure Botschaft ablehnen und euch vielleicht sogar verfolgen oder umbringen. Ich habe nur zwölf Jünger ausgebildet ☺. Geht doch erst einmal dahin, wo Aussicht auf Erfolg besteht. Wenn die Zahl der Nachfolger gewachsen ist, dann könnt ihr meinetwegen auch die harten Nüsse knacken." So ähnlich würde das vielleicht heute klingen. Die Jünger sollen ihre Freiheit und Erkenntnis richtig und vor allem an der richtigen Stelle einsetzen, eben effektiv und effizient ☺. Nicht da, wo es sinnlos ist („Schweine") oder gleichzeitig sinnlos und gefährlich („euch zerreißen").

Unterstützungszusage

> 7 Bittet, und es wird euch gegeben werden; suchet, und ihr werdet finden; klopft an, und es wird euch geöffnet werden!
> 8 Denn jeder Bittende empfängt, und der Suchende findet, und dem Anklopfenden wird geöffnet werden.
> 9 Oder welcher Mensch ist unter euch, der, wenn sein Sohn ihn um ein Brot bittet, ihm einen Stein geben wird?
> 10 Und wenn er um einen Fisch bittet, wird er ihm eine Schlange geben?
> 11 Wenn nun ihr, die ihr böse seid, euern Kindern gute Gaben zu geben wisst, wieviel mehr wird euer Vater, der in den Himmeln ist, Gutes geben denen, die ihn bitten!
> (Matthäus 7,7-11)

Diesen Teil der Rede könnte man mit „Unterstützungszusage" überschreiben. Und es ist liebevoll, wie viel Zeit sich Jesus nimmt, eindrücklich zu beschreiben, wie gut Gott es mit seinen Jüngern meint. Dafür benutzt er wieder den Vergleich der Eltern-Kind-Beziehung.

Ich habe drei Kinder. Für mich war es einmal eine persönliche Gottes-Erfahrung oder Offenbarung, als wir gerade unser erstes Kind bekommen hatten: Ich hatte damals in einer Stadt am Rhein meine erste Arbeitsstelle angetreten und musste in der ersten Zeit, parallel zur Arbeit, vor Ort in Ruhe nach einer Wohnung für unsere kleine Familie suchen. Eines Abends lag ich allein auf meinem Bett und hatte „Heimweh". Ich sehnte mich nach meinem Kind. Und da sprach Gott zu mir und sagte: „Merkst du jetzt, wie lieb du dein Kind hast!? Erinnere dich einmal an mein Wort, wo ich zugesagt habe, dass ich meine Menschenkinder noch mehr liebe als ihr Menschen eure Kinder. Kannst du dir das vorstellen?" Nein, das konnte ich in dem Moment nicht. Denn mehr Liebe, als ich für mein Kind empfand, konnte ich mir nicht vorstellen. Es überwältigte mich, dass Gott mich noch mehr lieben sollte als ich meine Tochter.

Vielleicht ist das deshalb so ein starker Vergleich. „Wenn ihr schon für eure Kinder gut sorgt, wie werde ich dann erst für euch sorgen! Merkt euch: Ich bin da, wenn ihr mich braucht. Meldet euch und sagt mir, was ihr benötigt, um euren Auftrag weiter auszuführen. Ich kümmere mich darum."

In unserem Unternehmen sage ich immer, dass es letztlich meine Aufgabe ist, dafür zu sorgen, dass meine Mitarbeiter eine gute Arbeit machen können. Das betrifft alles: Räumlichkeiten, Maschinen und Arbeitsmittel, ausreichend Personal mit der benötigten Qualifikation, notwendige Weiterbildungen, faire Bezahlung usw.

So würde ich diesen Teil der Rede verstehen.

An anderer Stelle sagt Jesus zu seinen Jüngern:

5 Ich bin der Weinstock, ihr seid die Reben. Wer in mir bleibt und ich in ihm, dieser bringt viel Frucht, denn außer mir könnt ihr nichts tun.
(Johannes 15,5)

1 Wenn der HERR das Haus nicht baut, vergeblich arbeiten daran die Bauleute; wenn der HERR die Stadt nicht bewacht, vergeblich wacht der Wächter.
(Psalm 127,1)

Losgelöst von Jesus, ohne seinen Geist und ohne seine Unterstützung, kommt aus Gottes Perspektive und Beurteilung nichts Gutes dabei heraus. Erfolg in seinem Sinne ist nur gemeinsam mit ihm möglich. Deshalb ist es umso wichtiger und ermutigender, dass Jesus seine Unterstützung auch zusagt.

Gelassenheit

12 Alles nun, was ihr wollt, dass euch die Menschen tun sollen, das tut ihr ihnen auch! Denn darin besteht das Gesetz und die Propheten.
(Matthäus 7,12)

Hier schließt sich der Kreis zum Anfang der Rede. Jesus ist gekommen, „um das Gesetz und die Propheten zu erfüllen" (Matthäus 5,17). In diesem Vers macht er seinen Jüngern deutlich, wie sie, als seine Nachfolger, das Gesetz und die Propheten erfüllen können. Einfach, klar und deutlich. Das ist entspannend, weil nicht überfordernd. Die Jünger sollen nicht wie Jesus „die Welt retten". Sie sollen Licht und Salz sein und, schlicht zusammengefasst, so mit ihren Mitmenschen umgehen, wie sie selbst auch gern behandelt werden möchten. Das erdet und beruhigt am Ende dieser anspruchsvollen Schulung. Jesus ruft seinen Schülern quasi zu: „Entspannt euch. Ein bisschen mehr Gelassenheit bitte. Die Umsetzung ist nicht megakompliziert. Ich überfordere euch nicht!"

Realismus

> 13 Geht hinein durch die enge Pforte! Denn weit ist die Pforte und breit der Weg, der zum Verderben führt, und viele sind, die auf ihm hineingehen.
> 14 Denn eng ist die Pforte und schmal der Weg, der zum Leben führt, und wenige sind, die ihn finden.
> (Matthäus 7,13-14)

Bei aller gebotenen Besonnenheit, entspannenden Gelassenheit und zugesagter Unterstützung durch Jesus ist doch klargeworden, dass diese Mission „Nachfolge Jesu" nicht die bequemste und anspruchsloseste Aufgabe ist. Denn es wird nicht einfach, „auf Spur zu bleiben". Der Weg ist schmal und an manchen Stellen rutschig, mit Abgründen rechts und links. So würde ich es beschreiben. Angelehnt an das Bild vom Weinstock und den Reben, müssen wir Jesu Hand gut festhalten und an ihm dranbleiben, um nicht vom Weg abzukommen oder wegzurutschen. Das ist nicht unmöglich, aber auch nicht einfach. Denken wir zum Beispiel an das Thema Sanftmut – eine echte Herausforderung. Diesen Realismus will Jesus am Ende noch einmal schärfen. Es ist einfacher und bequemer, so zu leben und zu handeln wie die meisten Menschen. Mit der Masse läuft es sich sozusagen von alleine. Und man eckt auch nicht an. Für wen von uns ist nicht „Menschenfurcht" ein Thema; also die Frage, wie wir von unseren Mitmenschen angesehen werden und was sie über uns denken und sagen (siehe „Die Nachfolger Jesu").

Jesus fordert uns auf, dass wir Buße tun und an ihn und seine Königsherrschaft (das Reich Gottes) glauben und von dem „breiten Weg" abbiegen oder umkehren. Buße bedeutet zu erkennen, dass ich auf dem falschen Weg bin und umkehren muss. Buße tun bedeutet, sich abzuwenden von der Lebenseinstellung „Ich weiß und entscheide, was gut und richtig für mein Leben ist!" und sich hinzuwenden zu der Lebenseinstellung „Ich entscheide mich für das, von dem Gott sagt, dass es gut und richtig für mein Leben ist! Ich vertraue Gott, weil er mich liebt und es gut mit mir meint. Ich schaue auf mein Leben und dessen Umstände aus Gottes Perspektive". Das meint Paulus mit „Erneuerung eures Sinnes", wenn er schreibt:

2   Und seid nicht gleichförmig dieser Welt (= breiter Weg), sondern werdet verwandelt durch die Erneuerung eures Sinnes, dass ihr prüfen möget, was der gute und wohlgefällige und vollkommene Wille Gottes ist.
(Römer 12,2)

Jesus macht noch einmal unmissverständlich deutlich, dass sich der Weg der Nachfolge lohnt. Und dass es nur zwei Wege gibt: den Weg der Nachfolge Jesu, der zum Leben führt, oder den Weg ins Verderben. Wir müssen uns entscheiden. Das ist krass und kompromisslos. Aber der Schöpfer des Himmels und der Erde darf Ansprüche haben. Er hat nicht nur die Naturgesetze festgelegt, sondern auch die Gesetze der unsichtbaren Welt und die „des Reichs der Himmel". Seine Gerechtigkeit zählt, nicht unsere. Das gilt es einfach zu akzeptieren. Jesus sei Dank, dass wir Gott besser verstehen und seine guten Absichten erkennen können.

Warnung

15 Hütet euch vor den falschen Propheten, die in Schafskleidern zu euch kommen! Inwendig aber sind sie reißende Wölfe.

16 An ihren Früchten werdet ihr sie erkennen. Liest man etwa von Dornen Trauben oder von Disteln Feigen?

17 So bringt jeder gute Baum gute Früchte, aber der faule Baum bringt schlechte Früchte.

18 Ein guter Baum kann nicht schlechte Früchte bringen, noch kann ein fauler Baum gute Früchte bringen.

19 Jeder Baum, der nicht gute Frucht bringt, wird abgehauen und ins Feuer geworfen.

20 Deshalb, an ihren Früchten werdet ihr sie erkennen.

21 Nicht jeder, der zu mir sagt: „Herr, Herr!" wird in das Reich der Himmel hineinkommen, sondern wer den Willen meines Vaters tut, der in den Himmeln ist.

22 Viele werden an jenem Tage zu mir sagen: „Herr, Herr! Haben wir nicht in deinem Namen geweissagt und durch deinen Namen Dämonen ausgetrieben und durch deinen Namen viele Wunderwerke getan?"

23 Und dann werde ich ihnen bekennen: „Ich habe euch niemals gekannt. Weicht von mir, ihr Übeltäter!"
(Matthäus 7,15-23)

Die vorletzte Weisung, die Jesus in seiner Schulung ausspricht, ist eine Warnung. Dass ihm diese Warnung besonders wichtig ist, sieht man schon an der Länge seiner Erklärung und daran, dass sie am Ende der Rede erfolgt. Man sagt ja, Zuhörer merken sich am besten die Themen, die am Anfang oder am Ende einer Rede gesprochen werden.

Jesus sagte ganz am Anfang seiner Rede: „Glücklich seid ihr, wenn sie euch schmähen und verfolgen …; denn ebenso haben sie **die Propheten** verfolgt, **die vor euch waren**" (Matthäus 5,12). Er bezeichnet seine Jünger also indirekt auch als Propheten. Der lexikalische Anhang meiner Bibel sagt aus, dass das griechische Wort „prophetes" übersetzt „Verkündiger" bedeutet und in der Bibel eine von Gott beauftragte Person bezeichnet, deren Auftrag es war, den Willen Gottes zu verkünden. Genau das ist auch ein Teil des Auftrages der Jünger Jesu.

Jesus warnt vor falschen Propheten. Also vor Leuten, die wie seine Jünger auftreten und so tun (oder tatsächlich davon überzeugt sind?), als seien sie von Gott angesprochen und gesendet worden. Jesus warnt uns nicht vor einer speziellen Irrlehre. Er bringt nur das Bild vom reißenden Wolf, der sich als ein Schaf verkleidet hat. Daraus entnehme ich, dass diese Menschen ihre wahren Motive und Absichten nicht offen artikulieren und nach außen so reden und auftreten, dass es „in die jeweilige christliche Szene" oder zu der jeweiligen gesellschaftlichen Strömung, dem Mainstream passt. Jesus sagt uns hier leider mit keinem Wort vorher, in welcher Form diese falschen Propheten seine Lehre abändern, einseitig auslegen oder verfälschen. Er hilft seinen Jüngern aber insofern, dass er ihnen ein Erkennungsmerkmal nennt: die Früchte!

Wieder sehr anschaulich macht Jesus mit Bildern deutlich, dass ein Prophet, ein echter Jünger, der mit ihm verbunden ist, „gute Früchte hervorbringt", ja, hervorbringen **muss** (Matthäus 7,18). Daran kann man erkennen, ob Jesus tatsächlich in diesem Menschen wohnt, ihn leitet und ihn gesandt hat (Matthäus 7,20+23). Ein Prophet, in dem Jesus nicht wohnt und ihn leitet, zeigt diese guten Früchte nicht (Matthäus 7,18).

Um welche Früchte geht es da? Wenn wir ein Audit[5] machen würden, was müssten wir sehen und vorfinden, um eine positive Zertifizierung auszustellen?

Jesus unterscheidet in seiner Rede zwischen Werken und Früchten. Zu Anfang seiner Rede sagte Jesus zu seinen Jüngern: „So soll euer Licht leuchten vor den Menschen, damit sie eure **guten Werke** sehen und euren Vater, der in den Himmeln ist, verherrlichen" (Matthäus 5,16). Diese guten Werke oder „Schätze im Himmel", wie wir sie ausführlich betrachtet haben, meint Jesus nicht, als er von den Früchten spricht.

Noch einmal: Es geht gerade darum, den Verkündiger einer Lehre zu beurteilen. Gute Werke kann ich sowohl mit der richtigen Herzenshaltung vollbringen als auch mit der falschen, wie die Pharisäer. Gute Werke sind also kein geeignetes Erkennungszeichen für richtige oder falsche Propheten.

Das Erkennungszeichen, welches Jesus empfiehlt, sind „**gute Früchte**". Dazu finden wir an anderer Stelle der Bibel konkrete Aussagen. Paulus schreibt an die Galater:

22 Die Frucht des Geistes aber ist: Liebe, Freude, Friede, Langmut (Geduld), Freundlichkeit, Gütigkeit (Barmherzigkeit), Treue, Sanftmut, Enthaltsamkeit (Selbstdisziplin).
(Galater 5,22)

Das sind alles Tugenden, die die Haltung und innere Einstellung einer Person betreffen und dann in seinem Verhalten sichtbar werden. Deshalb eignen sie sich auch als Erkennungszeichen, ob Jesus tatsächlich diese Person leitet und verändert (hat). Dieses Verhalten, bewirkt durch die positiven Haltungen (Früchte), bedeutet an dieser Stelle „… den Willen meines Vaters tun, der in den Himmeln ist" (Matthäus 7,21).

Meine Erfahrung lehrt mich, dass man eine gewisse Nähe zu einem Menschen haben muss, um ihn so gut kennenzulernen, dass man die Güte seiner Früchte auch beurteilen kann. Wir Menschen haben sehr gute Fertigkeiten darin entwickelt, eine gutaussehende Maske zu tragen und nur unsere guten Seiten zu zeigen oder gute Früchte vorzutäuschen. Jesus nennt diese Menschen Heuchler.

Es braucht also Nähe zu und Zeit mit einer Person, um die Güte ihrer Früchte wirklich einschätzen zu können. Am besten erlebt man diese Person dann auch noch in unterschiedlichen gesellschaftlichen Kontexten und Lebenssituationen. Unter Stress oder in plötzlichen Notsituationen zum Beispiel lernt man oft sonst verborgene Anteile einer Person kennen.

Unser Problem: Diese Nähe und Zeit mit dem Lehrer fehlt in der Regel. Einen berühmten Fernsehprediger, einen Professor an der Uni oder häufig noch nicht einmal unseren Pastor in der Kirche lernen wir ausreichend kennen, um eine entsprechende Beurteilung vorzunehmen.

Achtung: Jesus will nicht, dass wir die Person beurteilen, um sie zu verurteilen. Jesus will, dass wir wachsam sind und nicht jedem Lehrer Glauben schenken. Er warnt seine Jünger vor falschen Propheten und gibt ihnen ein Erkennungszeichen. Zum Zweck der Prüfung von Lehrern und Propheten sollen wir die Beurteilung ihrer Früchte vornehmen. Nicht mehr, aber auch nicht weniger.

An dieser Stelle möchte ich kurz etwas vom Text abschweifen.

Denn die wenigsten von uns sind (Bibel-)Lehrer oder prüfen Lehrende.

Wie sieht es aber bei uns selbst mit den Früchten aus?

Fallen die Früchte, wenn wir gläubig werden oder den Weg Jesu einschlagen, vom Himmel? Darüber ist mir nichts bekannt ☺. Früchte haben die allgemeine Eigenschaft, dass sie langsam wachsen und reifen. Und das trifft nach meiner persönlichen Erfahrung auch für die Frucht des Geistes zu.

Durch die Entscheidung, Jesus nachzufolgen, und die Tatsache, dass er in uns wohnt, wird unsere Gesinnung erneuert. Statt Gesinnung könnte man auch sagen „Ansinnen" oder „Begehren" (Kluge, Etymologisches Wörterbuch). Jesus sprach zuvor von „Trachten", ich nannte es Sehnsucht. Es verändert sich auf einmal, was uns wichtig ist, und wir begehren und sinnen nach anderen Zielen.

Was hat es für Auswirkungen? Paulus benutzt das Bild von Kleidung, als er an die Epheser schreibt:

22 ... dass ihr, was den früheren Lebenswandel betrifft, den alten Menschen abgelegt habt, der sich durch die betrügerischen Begierden zugrunde richtet,
23 dagegen erneuert werdet in dem Geiste eurer Gesinnung
24 und den neuen Menschen angezogen habt, der nach Gott geschaffen ist in wahrhaftiger Gerechtigkeit und Heiligkeit. (Epheser 4,22-24)

Ich ziehe meine Arbeitssachen aus und meine Joggingsachen an und habe jetzt das Ansinnen, einen Halb-Marathon zu laufen. Das neue Ziel vor Augen zu haben reicht aber noch nicht. Ich muss jetzt anfangen zu trainieren, und zwar regelmäßig. Dann kann ich mein Ziel irgendwann erreichen.

Worauf ich hinaus will: Ein neuer Jesus-Nachfolger, je nachdem wie alt sie oder er schon ist, hat Angewohnheiten (an-ge-wohnt; Denkmuster und Tätigkeiten haben es sich im Laufe der Zeit bei mir gemütlich gemacht). Diese Angewohnheiten wohnen auch noch bei mir am Tag nach meiner Umkehr auf den Weg Jesu. Jeder wird von seiner Familie und von seinem Umfeld geprägt. Mit der Umkehr auf den Weg Jesu beginnt die Zeit des Umgeprägt-Werdens. Durch die Gemeinschaft mit Jesus, durch seinen Heiligen Geist (daher auch „Früchte des Geistes"), das Studium der Bibel und die Gemeinschaft mit anderen Nachfolgern usw. ändern sich (langsam) unsere Haltungen und Denkweisen. Diesen Veränderungsprozess nennt die Bibel auch Heiligung. Ein Veränderungsprozess in die Richtung, Jesus ähnlicher zu werden. Unsere Haltungen und Denkweisen werden mehr und mehr seinen entsprechen. Das ist ein lang andauernder Prozess. Die Geschwindigkeit hängt sicher auch damit zusammen, wann wir uns auf den Weg machen, wie viele und welche schlechten Angewohnheiten wir haben und wieviel Zeit und Raum wir Jesus zum Umprägen einräumen. Nach und nach werden dann die Früchte kommen, und die Menschen, die uns nahestehen, werden diese guten Früchte dann auch genießen können.

Zurück zum Text:

Auch Jesus ist dieses „Nähe- und Zeit-Problem", um die Früchte einer Person beurteilen zu können, bewusst. Deshalb schließt er noch die Aussagen in Vers 22 und 23 an. Denn wir Menschen sind nicht sehr geduldig. Wir haben auch nicht den Durchblick und so unendlich viel Zeit wie Gott ☺. Daher liegt die Versuchung nahe, sich andere Kennzeichen zu suchen, die schneller zu erkennen sind. Jesus greift dieser Versuchung vorweg. „Also, Leute, glaubt nicht, weil ein sogenannter Prophet oder Lehrer als Tarnung in meinem Namen Weissagungen ausspricht, Dämonen austreibt oder Wunderwerke wie zum Beispiel Spontanheilungen vollbringt, dass dies ein zuverlässiges Erkennungszeichen für einen echten Jesus-Nachfolge-Lehrer ist!"

Diese Arten von Wundern gehören für Jesus anscheinend nicht zu den Früchten. Obwohl er selbst viele solcher Wunderwerke vollbracht hat. Aber es sind Werke, wenn auch übernatürliche Werke, keine Früchte. Und es zeigt außerdem, dass man solche Wunderwerke auch mit Hilfe anderer Kraftquellen bewirken kann (Matthäus 7,23).

Die Bibel lehrt an anderer Stelle über die sogenannten Geistesgaben, mit deren Hilfe uns der Heilige Geist befähigt, solche Wunderwerke zu tun. Aber das Thema möchte ich hier nicht weiter vertiefen. Ich möchte nur erwähnen, dass es auch die Gabe der „Unterscheidung der Geister" gibt (1. Korinther 12,10). Diese Gabe ist sicherlich auch bei der Beurteilung eines Lehrers und seiner Früchte hilfreich.

Darüber hinaus ist es für unsere Urteilsfähigkeit in diesem Zusammenhang gut, die Bibel sehr gut zu kennen. Auch vor Irrlehren ist das ein guter Schutz. Als Jesus in der Wüste vom Teufel versucht wurde, benutzte auch der Teufel Bibelzitate, um Jesus zu manipulieren. Jesus kontert in jeder Situation selbst mit einem Bibelvers, der die Ansicht und Herzenshaltung Gottes zu der jeweiligen Situation zum Ausdruck bringt (Matthäus 4,1-10)!

Abschließend zu der Warnung Jesu finde ich es sehr interessant zu bemerken, dass Jesus gerade vor Feinden gegenüber ihm und seiner Lehre warnt, die von „innen" kommen. Jesus hat vorhergesehen, dass die größte Bedrohung für die Christen (oder besser: für „das Reich der Himmel") von den „Gläubigen" selbst kommt, wie damals von den Schriftgelehrten! Die Vielzahl von Strömungen in der christlichen Kirche mag ein Beleg dafür sein. Um eine Strömung im Sinne eines Schwerpunktes in der Lehre von einer Irrlehre zu unterscheiden, müssen wir gemäß dieses Textes sehr genau auf die leitenden Personen schauen, um ihre Früchte beurteilen zu können.

Weisheit

24 Jeder nun, der diese meine Worte hört und sie tut, den werde ich mit einem klugen Mann vergleichen, der sein Haus auf den Felsen baute;
25 und der Platzregen fiel herab, und die Ströme kamen, und die Winde wehten, und stürmten gegen jenes Haus; und es fiel nicht, denn es war auf Felsen gegründet.
26 Und jeder, der diese meine Worte hört und sie nicht tut, der wird mit einem törichten Mann zu vergleichen sein, der sein Haus auf Sand baute;
27 und der Platzregen fiel herab, und die Ströme kamen, und die Winde wehten und stießen an jenes Haus; es fiel, und sein Fall war groß.
(Matthäus 7,24-27)

In Blumenau in Brasilien konnte ich einmal sehen, was passiert, wenn es tagelang heftig regnet und der Boden so durchgeweicht ist, dass ganze Häuser zusammen mit den Erd- und Schlammmassen die Berge herunterrutschen. Schrecklich!! Wohl dem, der dann sein Haus auf Felsen gegründet hat!

Genau eine solche Situation beschreibt Jesus in seiner Rede, wieder einmal sehr bild- und wortreich, um seine Zuhörer bis zuletzt mitzunehmen.

„Seid weise, liebe Jünger! Investiert in die richtige Immobilie! Was ist werthaltig!? Was hat wirklich Bestand, wenn die Krise kommt!? Was passiert mit eurer Lebenseinstellung und euerm Lebensgebäude, wenn Rückschläge kommen wie Krankheiten, Tod des Partners oder eines Kindes, Kündigung des Arbeitsplatzes, Verleumdung, Ausgrenzung oder Mobbing? Jeder, der heute an meiner Schulung teilgenommen und wirklich etwas gelernt hat, der setzt meine Worte auch in die Tat um. Das nenne ich dann einen klugen Menschen, der sein Lebenshaus auf ein festes Fundament gründet, obendrein noch mit einer fantastischen Aussicht!"

Am Ende der Rede Jesu und allem, was ich persönlich jetzt gelernt habe, erinnert mich die letzte Weisung an einen Satz aus den Sprüchen Salomos:

1   Die Weisheit hat ihr Haus gebaut, hat ihre sieben Säulen ausgehauen.
    (Sprüche 9,1)

Ich will den sieben Säulen der Weisheit einmal sieben Namen geben ☺:

1. Vertrauen auf Gott
2. Selbsterkenntnis und Ehrfurcht vor Gott
3. Sehnsucht nach Gemeinschaft mit Gott
4. Treue und Festhalten an Gottes Zusagen
5. Vergebungsbereitschaft
6. Klare Prioritäten: Jesus first
7. Großzügigkeit

Abschlussverse des Verfassers Matthäus

28 Und es geschah, als Jesus diese Worte vollendet hatte, da erstaunten die Volksmengen sehr über seine Lehre;
29 denn er lehrte sie wie einer, der Vollmacht hat, und nicht wie ihre Schriftgelehrten.
(Matthäus 7,28-29)

In seinem Zeugenbericht weist Matthäus zum Abschluss auf die Wirkung der Rede Jesu hin. Die Zuhörer waren sehr erstaunt. Das drückt für mich eine emotionale Betroffenheit aus und ein angenehmes Überraschtsein. Warum? Weil sie so etwas nicht kannten und noch nie gehört hatten. Und weil sie spürten, dass Jesus in der Autorität Gottes zu ihnen gesprochen hatte. Wenn Jesus spricht, setzt er die Gegenwart Gottes frei!

Die Vision Jesu

Das Vaterunser

Jesus war aus meiner Sicht nicht nur ein guter Redner und Lehrer, sondern auch eine sehr gute Führungskraft. Immerhin hat er die nachhaltigste und größte Unternehmung der Menschheitsgeschichte gestartet. Und unzählige Menschen lassen sich noch heute von ihm führen und durch seine Grundsätze leiten.

An der wirtschaftswissenschaftlichen Fakultät der Universität oder in der Literatur über Führungslehre wird uns vermittelt, dass eine gute Führungskraft sich auch dadurch auszeichnet, dass sie ihren Mitarbeitern eine Vision vermittelt. Ein Vision Statement soll in klaren und einfachen Worten vor Augen führen, wohin sich das Unternehmen in der Zukunft entwickeln möchte. Diese Vision gilt es, den Mitarbeitern möglichst oft vor Augen zu führen und dadurch Richtung und Orientierung zu geben.

In unserem Unternehmen nennen wir das „Unser Selbstverständnis". Es macht Aussagen, wer wir als Unternehmen sind, gleichzeitig aber auch, wer wir zukünftig sein wollen. Eine Mischung aus Identitäts-Selbstaussage und Vision.

Nun habe ich mich schon vor Jahren gefragt, wie ein solches Vision Statement von Jesus wohl aussehen würde und ob vielleicht ein solches in der Bibel zu finden ist.

Bei dieser Suche bin ich auf das „Vaterunser" gestoßen. Meiner Meinung nach ein perfektes Statement für die Vision Jesu und das, was er seinen Jüngern bis heute vermitteln will. Das Geniale: Jesus lehrt seine Mitarbeiter, wie sie beten sollen, und bewirkt damit gleichzeitig, dass sie sich seine Vision täglich vor Augen führen.

„Vision Statement" Jesu für alle Menschen

Dein Reich komme

9 Unser Vater, der du bist in den Himmeln, geheiligt werde dein Name.
10 Dein Reich komme; dein Wille geschehe, wie im Himmel so auf Erden!
11 Unser tägliches Brot gib uns heute.
12 Und vergib uns unsere Schulden, wie auch wir unseren Schuldnern vergeben haben.
13 Und führe uns nicht in Versuchung, sondern errette uns von dem Bösen!
(Matthäus 6,9-13)

Ich wiederhole das Gebet und die Vision Jesu für uns Menschen etwas ausführlicher mit meinen eigenen Worten:

Dein Reich komme

Lieber Vater im Himmel,
du bist der eine Gott, der Schöpfer des Himmels und der Erden. Ich verehre dich und bete dich an. Danke, dass du mich ansiehst und wertschätzt! Bitte schenke allen Menschen den Glauben, dass sie dich anbeten und deiner leidenschaftlichen Liebe antworten.

Bitte fülle uns alle mit dem Verlangen, von dir regiert zu werden. Denn deine Herrschaft ist gut und gerecht. Schenke uns ein Herz, das ganz auf dich ausgerichtet ist, dass dein Wille in unserem Leben und durch alles, was wir tun, geschieht. Wir möchten Gemeinschaft und Lebensfreude mit dir erleben, wie sie einst auch im Himmel sein wird.

Bitte versorge uns mit dem, was wir heute zum Leben brauchen. Danke, dass du um all das weißt, auch wo es einem jeden gerade mangelt. Öffne uns die Augen, wo wir den Mangel anderer ausgleichen können.

Vater, mach uns traurig, wo wir nicht nach deinem Willen fragen und leben. Gib uns dein barmherziges Herz, damit wir die Menschen, die an uns schuldig geworden sind, freisetzen, so wie du uns tröstest und uns nichts mehr nachträgst.

Bitte hilf mir und meinen Mitmenschen, dass wir nicht unseren Schwächen und Neigungen nachgehen, die nicht gut für uns sind. Bitte bewahre uns vor Situationen, wo wir nicht standhalten und überfordert werden, damit wir den Weg der Sanftmut nicht verlassen. Vater, du kennst unsere seelischen Abgründe. Bewahre mich und meine Nächsten davor, dass wir sie ausleben. Hilf uns stattdessen, Friedensstifter zu sein! Und behüte uns vor den Mächten und Gewalten der unsichtbaren Welt, die nicht wollen, dass du uns regierst. Danke für deinen Schutz! Danke, dass du stärker bist als selbst der Tod! Danke, dass du ewiges Leben schenkst!

Überall dort, wo das Vaterunser aufrichtig gebetet wird, ist „das Reich der Himmel nahe gekommen" – und damit auch die Erfüllung der Vision Jesu.

Die Vision Jesu für dein Leben

Wie sieht die Vision Jesu für dein Leben aus?

Kann man das überhaupt so allgemein ausdrücken?

Ich denke schon. Denn der leidenschaftlich liebende Gott liebt auch dich ganz persönlich. Er wünscht sich für dich, dass du eine Liebesbeziehung mit ihm eingehst. Jesus hat uns vorgelebt, wie das aussehen könnte. Doch deine Liebesbeziehung ist individuell. Du bist einzigartig. So wird auch deine Beziehung zu Gott-Vater, Jesus und dem Heiligen Geist einzigartig sein.

In der Regel fängt es mit einer Gottesbegegnung an, die dir hilft, an ihn zu glauben. Bei manchen Menschen geht das sehr schnell, durch eine einzelne Begebenheit. Bei anderen dauert es Jahre des Suchens, Lesens und Gespräche-Führens. Dann kommt vielleicht das entscheidende Erlebnis, wo du erkennst: Gott sieht und meint mich ganz persönlich. Und er freut sich, wenn du ihm ganz persönlich antwortest. Und dann beginnt deine persönliche Reise der Nachfolge. Auch diese wird letztlich einzigartig sein. Denn du bist einzigartig. Sie beginnt mit Vertrauen. Wenn du es schaffst, Gott und der Bibel dein Vertrauen zu schenken, gehst du wie durch eine geheime Tür in ein unbekanntes Land und erlebst Gott und sein Wirken – wundervoll!

Mach dich auf den Weg! „Glücklich die ..."

Gebet zum Start der Nachfolge

Falls dir das Reden mit Gott (Beten) noch nicht so vertraut ist, findest du hier einen Gebetsvorschlag. Dieses Gebet kannst du beten, um deinen Weg mit Jesus zu beginnen.

Du kannst Gott mit „Lieber Vater im Himmel" oder „Lieber Gott" ansprechen. Du kannst auch mit dem Heiligen Geist reden oder zu Jesus beten. Was immer dir und deiner bisherigen Geschichte besser entspricht. Liebe ist großzügig! Unser Gott ist ein drei-einer Gott: Vater, Sohn Jesus und Heiliger Geist. Auch in meinem Gebetsvorschlag spreche ich unterschiedliche Persönlichkeiten des einen Gottes an.

29 „Herzenskompass"

Lieber Vater im Himmel,

danke, dass du dich für mich interessierst, dass ich dir nicht egal bin.

Danke Jesus, dass du mich aus meiner Unvollkommenheit erlöst hast und Gott mich durch deinen Tod am Kreuz als gerecht betrachtet. Danke, dass ich durch dich wieder Gemeinschaft mit Gott haben kann „wie im Paradies". Darauf freue ich mich und möchte heute damit anfangen.

Danke, dass du mich so annimmst, wie ich bin!

Danke, dass ich nicht erst Regeln erfüllen oder bestimmte Dinge tun muss, um von dir geliebt zu werden.

Danke, dass du mich sogar bedingungslos und leidenschaftlich liebst.

Danke, dass du mich so wertschätzt, dass du in mir wohnen willst.

Heiliger Geist, bitte erfülle mich!

Bitte hilf du mir, zu glauben und Jesus nachzufolgen.

Auch wenn ich dich noch nicht so gut kenne, habe ich verstanden, dass du ein heiliger und gerechter Gott bist, der in seiner Souveränität festlegt, was gut und was böse ist und was Gerechtigkeit bedeutet. Ich möchte mich dir und deinen Wertmaßstäben anvertrauen!

Ich bitte dich um Vergebung für alle bewusste und unbewusste Rebellion; dass ich dir, Gott, nicht den Platz eingeräumt habe, der dir gebührt. Ich sage mich heute bewusst los von meiner Selbstherrlichkeit und Ich-Zentriertheit. Bitte zeige mir, wo ich falschen Zielen nachlaufe. Leite du, Heiliger Geist, mein Herz und meinen Verstand.

Danke, dass du mich so gut kennst wie niemand sonst. Bitte sprich zu mir. Ich möchte dir von jetzt an vertrauen und nachfolgen. Bitte sprich zu mir auf eine Art und Weise, die ich hören und verstehen kann.

Amen! [= So sei es!]

Anhang

Die Rede Jesu auf dem Berg
Die Bibel, Matthäus-Evangelium, Kapitel 5-7

Matthäus 5

1 Als er aber die Volksmengen sah, stieg er auf den Berg; und als er sich gesetzt hatte, traten seine Jünger zu ihm.
2 Und er tat seinen Mund auf, lehrte sie und sprach:
3 Glücklich die Armen im Geist, denn ihrer ist das Reich der Himmel.
4 Glücklich die Trauernden, denn sie werden getröstet werden.
5 Glücklich die Sanftmütigen, denn sie werden das Land erben.
6 Glücklich, die nach Gerechtigkeit hungern und dürsten, denn sie werden gesättigt werden.
7 Glücklich die Barmherzigen, denn ihnen wird Barmherzigkeit widerfahren.
8 Glücklich, die reinen Herzens sind, denn sie werden Gott schauen.
9 Glücklich die Friedensstifter, denn sie werden Söhne Gottes heißen.
10 Glücklich die um der Gerechtigkeit willen Verfolgten, denn ihrer ist das Reich der Himmel.
11 Glücklich seid ihr, wenn sie euch schmähen und verfolgen und alles Böse lügnerisch gegen euch reden werden um meinetwillen.
12 Freut euch und jubelt, denn euer Lohn ist groß in den Himmeln; denn ebenso haben sie die Propheten verfolgt, die vor euch waren.

13 Ihr seid das Salz der Erde; wenn aber das Salz fade geworden ist, womit soll es gesalzen werden? Es taugt zu nichts mehr, als hinausgeworfen und von den Menschen zertreten zu werden.
14 Ihr seid das Licht der Welt; eine Stadt, die oben auf einem Berg liegt, kann nicht verborgen sein.
15 Man zündet auch nicht eine Lampe an und setzt sie unter den Scheffel, sondern auf das Lampengestell, und sie leuchtet allen, die im Hause sind.
16 So soll euer Licht leuchten vor den Menschen, damit sie eure guten Werke sehen und euren Vater, der in den Himmeln ist, verherrlichen.

17 Meint nicht, dass ich gekommen sei, das Gesetz oder die Propheten aufzulösen; ich bin nicht gekommen, aufzulösen, sondern zu erfüllen.

18 Denn wahrlich, ich sage euch: Bis der Himmel und die Erde vergehen, soll auch nicht ein Jota oder ein Strichlein von dem Gesetz vergehen, bis alles geschehen ist.

19 Wer nun eins dieser geringsten Gebote auflöst und so die Menschen lehrt, wird der Geringste heißen im Reich der Himmel; wer sie aber tut und lehrt, dieser wird groß heißen im Reich der Himmel.

20 Denn ich sage euch: Wenn nicht eure Gerechtigkeit die der Schriftgelehrten und Pharisäer weit übertrifft, so werdet ihr keinesfalls in das Reich der Himmel hineinkommen.

21 Ihr habt gehört, dass zu den Alten gesagt ist: Du sollst nicht töten; wer aber töten wird, der wird dem Gericht verfallen sein.

22 Ich aber sage euch, dass jeder, der seinem Bruder zürnt, dem Gericht verfallen sein wird; wer aber zu seinem Bruder sagt: Raka! [wie „Dummkopf"] dem Hohen Rat [zur Römerzeit die höchste jüdische Instanz] verfallen sein wird; wer aber sagt: Du Narr! der Hölle des Feuers verfallen sein wird.

23 Wenn du nun deine Gabe darbringst zu dem Altar und dich dort erinnerst, dass dein Bruder etwas gegen dich hat,

24 so lass deine Gabe vor dem Altar und geh vorher hin, versöhne dich mit deinem Bruder; und dann komm und bring deine Gabe dar!

25 Komm deinem Gegner schnell entgegen, während du mit ihm auf dem Weg bist! Damit nicht etwa der Gegner dich dem Richter überliefert und der Richter dem Diener und du ins Gefängnis geworfen wirst.

26 Wahrlich, ich sage dir: Du wirst nicht von dort herauskommen, bis du auch den letzten Pfennig bezahlt hast.

27 Ihr habt gehört, dass gesagt ist: Du sollst nicht ehebrechen.

28 Ich aber sage euch, dass jeder, der eine Frau ansieht, sie zu begehren, schon Ehebruch mit ihr begangen hat in seinem Herzen.

29 Wenn aber dein rechtes Auge dir Anlass zur Sünde gibt, so reiß es aus und wirf es von dir! Denn es ist dir besser, dass eins deiner Glieder umkommt und nicht dein ganzer Leib in die Hölle geworfen wird.

30 Und wenn deine rechte Hand dir Anlass zur Sünde gibt, so hau sie ab und wirf sie von dir! Denn es ist dir besser, dass eins deiner Glieder umkommt und nicht dein ganzer Leib in die Hölle geworfen wird.

31 Es ist aber gesagt: Wer seine Frau entlassen will, gebe ihr einen Scheidebrief.

32 Ich aber sage euch: Jeder, der seine Frau entlassen wird, außer aufgrund von Hurerei, macht, dass mit ihr Ehebruch begangen wird; und wer eine Entlassene heiratet, begeht Ehebruch.

33 Wiederum habt ihr gehört, dass zu den Alten gesagt ist: Du sollst nicht falsch schwören, du sollst aber dem HERRN deine Eide erfüllen.
34 Ich aber sage euch: Schwört überhaupt nicht! Weder bei dem Himmel, denn er ist Gottes Thron;
35 noch bei der Erde, denn sie ist seiner Füße Schemel; noch bei Jerusalem, denn sie ist des großen Königs Stadt;
36 noch sollst du bei deinem Haupt schwören, denn du kannst nicht ein Haar weiß oder schwarz machen.
37 Es sei aber eure Rede: Ja, ja! Nein, nein! Was aber darüber hinausgeht, ist vom Bösen.

38 Ihr habt gehört, dass gesagt ist: Auge um Auge und Zahn um Zahn.
39 Ich aber sage euch: Widersteht nicht dem Bösen, sondern wenn jemand dich auf deine rechte Backe schlagen wird, dem biete auch die andere dar;
40 und dem, der mit dir vor Gericht gehen und dein Untergewand nehmen will, dem lass auch den Mantel!
41 Und wenn jemand dich zwingen wird, eine Meile zu gehen, mit dem geh zwei!
42 Gib dem, der dich bittet, und weise den nicht ab, der von dir borgen will!

43 Ihr habt gehört, dass gesagt ist: Du sollst deinen Nächsten lieben und deinen Feind hassen.
44 Ich aber sage euch: Liebet eure Feinde, und betet für die, die euch verfolgen,
45 damit ihr Söhne eures Vaters seid, der in den Himmeln ist! Denn er lässt seine Sonne aufgehen über Böse und Gute und lässt regnen über Gerechte und Ungerechte.
46 Denn wenn ihr liebt, die euch lieben, welchen Lohn habt ihr? Tun nicht auch die Zöllner dasselbe?
47 Und wenn ihr allein eure Brüder grüßt, was tut ihr Besonderes? Tun nicht auch die von den Nationen dasselbe?
48 Ihr nun sollt vollkommen sein, wie euer himmlischer Vater vollkommen ist.

Matthäus 6

1 Habt acht auf eure Gerechtigkeit, dass ihr sie nicht vor den Menschen übt, um von ihnen gesehen zu werden! Sonst habt ihr keinen Lohn bei eurem Vater, der in den Himmeln ist.

2 Wenn du nun Almosen gibst, sollst du nicht vor dir her posaunen lassen, wie die Heuchler tun in den Synagogen und auf den Gassen, damit sie von den Menschen geehrt werden. Wahrlich, ich sage euch, sie haben ihren Lohn dahin.
3 Wenn du aber Almosen gibst, so soll deine Linke nicht wissen, was deine Rechte tut;
4 damit dein Almosen im Verborgenen sei, und dein Vater, der im Verborgenen sieht, wird dir vergelten.

5 Wenn ihr betet, sollt ihr nicht sein wie die Heuchler; denn sie lieben es, in den Synagogen und an den Ecken der Straßen stehend zu beten, damit sie von den Menschen gesehen werden. Wahrlich, ich sage euch, sie haben ihren Lohn dahin.
6 Wenn du aber betest, so geh in deine Kammer, und nachdem du deine Tür geschlossen hast, bete zu deinem Vater, der im Verborgenen ist. Und dein Vater, der im Verborgenen sieht, wird dir vergelten.

7 Wenn ihr aber betet, sollt ihr nicht plappern wie die von den Nationen; denn sie meinen, dass sie um ihres vielen Redens willen erhört werden.
8 Seid ihnen nun nicht gleich! Denn euer Vater weiß, was ihr benötigt, ehe ihr ihn bittet.
9 Betet ihr nun so: Unser Vater, der du bist in den Himmeln, geheiligt werde dein Name;
10 dein Reich komme; dein Wille geschehe, wie im Himmel so auf Erden!
11 Unser tägliches Brot gib uns heute;
12 und vergib uns unsere Schulden, wie auch wir unseren Schuldnern vergeben haben;
13 und führe uns nicht in Versuchung, sondern errette uns von dem Bösen!

14 Denn wenn ihr den Menschen ihre Vergehungen vergebt, so wird euer himmlischer Vater auch euch vergeben;
15 wenn ihr aber den Menschen nicht vergebt, so wird euer Vater eure Vergehungen auch nicht vergeben.

16 Wenn ihr aber fastet, so seht nicht düster aus wie die Heuchler! Denn sie verstellen ihre Gesichter, damit sie den Menschen als Fastende erscheinen. Wahrlich, ich sage euch, sie haben ihren Lohn dahin.

17 Wenn du aber fastest, so salbe dein Haupt und wasche dein Gesicht,

18 damit du nicht den Menschen als ein Fastender erscheinst, sondern deinem Vater, der im Verborgenen ist! Und dein Vater, der im Verborgenen sieht, wird dir vergelten.

19 Sammelt euch nicht Schätze auf der Erde, wo Motte und Fraß [Korrosion] zerstören und wo Diebe durchgraben und stehlen;

20 sammelt euch aber Schätze im Himmel, wo weder Motte noch Fraß [Korrosion] zerstören und wo Diebe nicht durchgraben noch stehlen!

21 Denn wo dein Schatz ist, da wird auch dein Herz sein.

22 Die Lampe des Leibes ist das Auge; wenn nun dein Auge klar ist, so wird dein ganzer Leib licht sein;

23 wenn aber dein Auge böse ist, so wird dein ganzer Leib finster sein. Wenn nun das Licht, das in dir ist, Finsternis ist, wie groß die Finsternis!

24 Niemand kann zwei Herren dienen; denn entweder wird er den einen hassen und den anderen lieben, oder er wird einem anhängen und den anderen verachten. Ihr könnt nicht Gott dienen und dem Mammon.

25 Deshalb sage ich euch: Seid nicht besorgt für euer Leben, was ihr essen und was ihr trinken sollt, noch für euren Leib, was ihr anziehen sollt! Ist nicht das Leben mehr als die Speise und der Leib mehr als die Kleidung?

26 Seht hin auf die Vögel des Himmels, dass sie weder säen noch ernten, noch in Scheunen sammeln, und euer himmlischer Vater ernährt sie doch. Seid ihr nicht viel wertvoller als sie?

27 Wer aber unter euch kann mit Sorgen seiner Lebenslänge eine Elle zusetzen?

28 Und warum seid ihr um Kleidung besorgt? Betrachtet die Lilien des Feldes, wie sie wachsen; sie mühen sich nicht, auch spinnen sie nicht.

29 Ich sage euch aber, dass selbst nicht Salomo in all seiner Herrlichkeit bekleidet war wie eine von diesen.

30 Wenn aber Gott das Gras des Feldes, das heute steht und morgen in den Ofen geworfen wird, so kleidet, wird er das nicht viel mehr euch tun, ihr Kleingläubigen?

31 So seid nun nicht besorgt, indem ihr sagt: Was sollen wir essen? Oder: Was sollen wir trinken? Oder: Was sollen wir anziehen?

32 Denn nach diesem allen trachten die Nationen; denn euer himmlischer Vater weiß, dass ihr dies alles benötigt.

33 Trachtet aber zuerst nach dem Reich Gottes und nach seiner Gerechtigkeit! Und dies alles wird euch hinzugefügt werden.

34 So seid nun nicht besorgt um den morgigen Tag! Denn der morgige Tag wird für sich selbst sorgen. Jeder Tag hat an seinem Übel genug.

Matthäus 7

1 Richtet nicht, damit ihr nicht gerichtet werdet!

2 Denn mit welchem Gericht ihr richtet, werdet ihr gerichtet werden, und mit welchem Maß ihr messt, wird euch zugemessen werden.

3 Was aber siehst du den Splitter, der in deines Bruders Auge ist, den Balken aber in deinem Auge nimmst du nicht wahr?

4 Oder wie wirst du zu deinem Bruder sagen: Erlaube, ich will den Splitter aus deinem Auge ziehen; und siehe, der Balken ist in deinem Auge?

5 Heuchler, zieh zuerst den Balken aus deinem Auge! Und dann wirst du klar sehen, um den Splitter aus deines Bruders Auge zu ziehen.

6 Gebt nicht das Heilige den Hunden; werft auch nicht eure Perlen vor die Schweine, damit sie diese nicht etwa mit ihren Füßen zertreten und sich umwenden und euch zerreißen.

7 Bittet, und es wird euch gegeben werden; suchet, und ihr werdet finden; klopft an, und es wird euch geöffnet werden!

8 Denn jeder Bittende empfängt, und der Suchende findet, und dem Anklopfenden wird geöffnet werden.

9 Oder welcher Mensch ist unter euch, der, wenn sein Sohn ihn um ein Brot bittet, ihm einen Stein geben wird?

10 Und wenn er um einen Fisch bittet, wird er ihm eine Schlange geben?

11 Wenn nun ihr, die ihr böse seid, euern Kindern gute Gaben zu geben wisst, wieviel mehr wird euer Vater, der in den Himmeln ist, Gutes geben denen, die ihn bitten!

12 Alles nun, was ihr wollt, dass euch die Menschen tun sollen, das tut ihr ihnen auch! Denn darin besteht das Gesetz und die Propheten.

13 Geht hinein durch die enge Pforte! Denn weit ist die Pforte und breit der Weg, der zum Verderben führt, und viele sind, die auf ihm hineingehen.

14 Denn eng ist die Pforte und schmal der Weg, der zum Leben führt, und wenige sind, die ihn finden.

15 Hütet euch vor den falschen Propheten, die in Schafskleidern zu euch kommen! Inwendig aber sind sie reißende Wölfe.
16 An ihren Früchten werdet ihr sie erkennen. Liest man etwa von Dornen Trauben oder von Disteln Feigen?
17 So bringt jeder gute Baum gute Früchte, aber der faule Baum bringt schlechte Früchte.
18 Ein guter Baum kann nicht schlechte Früchte bringen, noch kann ein fauler Baum gute Früchte bringen.
19 Jeder Baum, der nicht gute Frucht bringt, wird abgehauen und ins Feuer geworfen.
20 Deshalb, an ihren Früchten werdet ihr sie erkennen.
21 Nicht jeder, der zu mir sagt: „Herr, Herr!" wird in das Reich der Himmel hineinkommen, sondern wer den Willen meines Vaters tut, der in den Himmeln ist.
22 Viele werden an jenem Tage zu mir sagen: „Herr, Herr! Haben wir nicht in deinem Namen geweissagt und durch deinen Namen Dämonen ausgetrieben und durch deinen Namen viele Wunderwerke getan?"
23 Und dann werde ich ihnen bekennen: Ich habe euch niemals gekannt. Weicht von mir, ihr Übeltäter!

24 Jeder nun, der diese meine Worte hört und sie tut, den werde ich mit einem klugen Mann vergleichen, der sein Haus auf den Felsen baute;
25 und der Platzregen fiel herab, und die Ströme kamen, und die Winde wehten, und stürmten gegen jenes Haus; und es fiel nicht, denn es war auf Felsen gegründet.
26 Und jeder, der diese meine Worte hört und sie nicht tut, der wird mit einem törichten Mann zu vergleichen sein, der sein Haus auf Sand baute;
27 und der Platzregen fiel herab, und die Ströme kamen, und die Winde wehten und stießen an jenes Haus; es fiel, und sein Fall war groß.

28 Und es geschah, als Jesus diese Worte vollendet hatte, da erstaunten die Volksmengen sehr über seine Lehre;
29 denn er lehrte sie wie einer, der Vollmacht hat, und nicht wie ihre Schriftgelehrten.

Zuordnung der Texte der Bergpredigt zu den Kapiteln

Matthäus 5,1-16   Mandat und Motivation

Matthäus 5,10-12   Die Nachfolger Jesu
Glücklich die um Gerechtigkeit willen Verfolgten,
denn ihrer ist das Reich der Himmel

Matthäus 5,17-20   Vertrauen und Erleben
Glücklich die Armen im Geist,
denn ihrer ist das Reich Gottes

Matthäus 5,21-37   Selbsterkenntnis und Wertschätzung
Glücklich die Trauernden,
denn sie werden getröstet werden

Matthäus 5,38-42   Treue und Nachhaltigkeit
Glücklich die Sanftmütigen,
denn sie werden das Land erben

Matthäus 5,43-47   Großzügigkeit und Auszeichnung
Glücklich die Friedensstifter,
denn sie werden Söhne Gottes heißen

Matthäus 5,48 + 6,1-18   Sehnsucht und Gemeinschaft
Glücklich, die nach Gerechtigkeit hungern und dürsten,
denn sie werden gesättigt werden

Matthäus 6,9-13   Die Vision Jesu
Das Vaterunser

Matthäus 6,19-34   Lebensausrichtung und Lebensfreude
Glücklich, die reinen Herzens sind,
denn sie werden Gott schauen

Matthäus 7,1-5   Vergebung Zug um Zug
Glücklich die Barmherzigen,
denn ihnen wird Barmherzigkeit widerfahren

Matthäus 7,6-29   Weisungen und Warnungen

Glossar

1) Glücklich
(Erklärung von Prof. Dr. Klara Butting)

„makarios" (griechisch Matthäus 5,3)
Die Elberfelder übersetzt ins Deutsche mit: „Glückselig ...",
die korrekte Übersetzung ist „Glücklich ...".

Das Wort „Seligpreisungen" für den Beginn der Bergpredigt unterstellt eine Jenseitsorientierung und überdeckt, dass es bei den biblischen Glückszusagen um Zusagen für das Diesseits geht.

Auch finde ich wichtig, dass „Glück" hörbar ist, als Gegenstimme zu der ganzen Ratgeberliteratur, die dem Wort Glück eine bestimmte Richtung untermischt. „Glück als Übereinstimmung mit sich selbst; Glück als Selbststeigerung, Selbstverfolgung und Selbstgenuss", so beschreibt Fulbert Steffensky das unter uns herrschende Glücksverständnis.

Die Glücksworte sind typisch für die Psalmen. In dieser Tradition stehen die Worte Jesu. 26-mal begegnet uns im Psalmenbuch solche Rede von Glück. Das erste Wort des Buches ist eine solche Glückszusage: „Glücklich ist der Mann, der nicht geht nach dem Rat der Gesetzlosen, auf dem Weg der Sünder nicht steht, nicht beim Sitz der Spötter sitzt, sondern Lust hat an der Weisung des EWIGEN, seine Weisung murmelt Tag und Nacht!" (Psalm 1,1). Von Anfang an ist deutlich, dass die Glückszusage nicht einfach glückliche Lebensverhältnisse abbildet. Die Frauen und Männer, die den Psalter zur Hand nehmen, stecken mitten in einem Konflikt mit den „Gesetzlosen (rascha)"; „Frevler" übersetzt Martin Buber dieses Wort, „Krimineller" ist die Bedeutung im Neuhebräischen. Es sind nicht „Gottlose", Ungläubige oder Atheisten, wie wir – mit der Lutherübersetzung im Ohr – denken könnten. Es sind Verbrecher, und zwar Verbrecher, die sich im Zentrum der Gesellschaft bewegen. Die Glückszusagen entwerfen in diesem Konflikt mit kriminellen Machenschaften eine Gegenwelt. Sie ist nicht Zukunftswunsch. Hier werden nicht Willenskraft und Selbstmanagement mit der Zusage versehen: „Wenn du das oder das tust, bist du glücklich."

Die Glückszusagen im Psalmenbuch werden zwar mit einem bestimmten Tun verbunden – wie etwa in Psalm 1: „Glücklich wer nicht …, sondern …". Doch das Glück ist nicht Ergebnis dieses Tuns. Die Glückszusage ist eine Gegenwartsaussage. Das Glück ist nicht Folge eines bestimmten Lebensweges, sondern Ermutigung und Ermächtigung, sich auf diesen Weg einzulassen. Die Glückszusage versetzt in eine andere Welt. Sie ist Befreiung aus Fremdbestimmung; Befreiung, um tätig zu werden.

Das Glück ereignet sich in der Zusage. Dabei bleiben die Sprecher/innen anonym. Im Unterschied zu narrativer Literatur, in der die wörtliche Rede in der Regel in einen erzählenden Rahmen eingebettet ist, trifft mich in der Glückszusage in den Psalmen eine Stimme „aus dem Off". Hier sprechen die, die Psalmen gedichtet, nachgesprochen und gebetet haben und beten. Ich erfahre die gesammelte Lebenslehre und die Präsenz der Generationen, die mit dem Gott der Bibel unterwegs waren und sind. Die Vorangegangenen stellen sich ein und reden in der Gegenwart mit. Sie verkörpern eine Gegenwelt, die in der Gegenwart vielleicht verborgen ist, zu der wir jedoch jetzt schon gehören, in der wir uns heute schon beheimaten können. In dieser generationenübergreifenden Gemeinschaft liegt eine Kraft, die in der Glückszusage erfahrbar wird. Ich bin nicht nur ich, und ich muss nicht nur ich selbst sein! Ich bin Teil einer Geschichte, die auf Lebensfülle für alle zielt. Und das ist Glück!

2) geblacklistet
Geblacklistet bedeutet, einen Lieferanten aus der Liste der zugelassenen Lieferanten zu streichen und den Mitarbeitern zu untersagen, bei diesem einzukaufen.

3) Gerechtigkeit
Ich möchte Gerechtigkeit aus meiner laienhaften Sichtweise der Rechtsprechung erklären: Gerechtigkeit im juristischen Sinne bedingt die Beurteilung einer Sachlage oder des Verhaltens einer Person durch ein Urteil eines Richters am Gericht. Dieses Urteil soll den betroffenen oder handelnden Personen gerecht werden, und zwar auf der Grundlage der geltenden Gesetze, und in diesem Sinne eine faire Klärung der Sachlage oder Situation für alle Beteiligten herbeiführen.

In dem Wort Urteil stecken „Ur" und „Teil"; „Ur" wie ursprünglich, wie vollkommen, vollständig oder ganz. „Teil" ist ein Stück eines Ganzen, wie ein Puzzleteil. Das Ur-Teil ist also wie das vollständige Puzzle.

Erst beim Ur-Teil sehe ich das vollständige Bild. Erst jetzt sehe und verstehe ich wirklich alles. Ein Richter versucht sich aus unterschiedlichen Fakten, Schriftsätzen der betroffenen Parteien und ggf. Zeugenaussagen ein Ur-Teil zusammenzusetzen.

Aber nur Gott kann das ganze Puzzle unseres Lebens sehen. Wir sehen unser eigenes Leben, aber auch das Persönlichkeits- oder Lebenspuzzle anderer Menschen nur unvollständig. Daher ist Gott der Einzige, der sich über uns tatsächlich ein Urteil bilden und uns gerecht werden kann.

Aus diesem Grund sagt auch Jesus zu uns, wir sollen andere nicht verurteilen und richten. Ver-urteilen heißt: falsch urteilen.

Zudem stellt sich noch die Frage nach dem Maßstab: Auf welcher „Gesetzesgrundlage" oder „Anspruchsgrundlage" soll das jeweilige Urteil gesprochen werden? Auch hier stehen am Ende der Suche und Fragen Gott und sein Wort. Wenn wir uns diesbezüglich nicht vertrauensvoll an Gott wenden, uns auf seine Werte festlegen und ihm zutrauen, dass er seine uns offenbarten Maßstäbe auch anwendet, wird alles Willkür und eine Angelegenheit menschlicher Festlegung.

Der Begriff der Gerechtigkeit ist somit untrennbar mit der Person Gottes verbunden. Nur er ist gerecht, kann gerecht richten oder Gerechtigkeit herbeiführen. Und seine Maßstäbe zählen.

4) Assessment-Center
(Erklärung nach DORSCH digitalem Lexikon der Psychologie 2018)
Ein Assessment-Center (engl. assessment, „Beurteilung") ist eine Methode zur Einschätzung von Personen vor allem in den Bereichen der Personalauswahl und Personalentwicklung. Neben Ergebnissen von Arbeitssimulationen oder anderen Übungen (Rollenspiele, Gruppendiskussionen, Konzeptionsübungen und Ähnliches) und deren Bewertung durch geschulte Beobachter („Assessoren") können Leistungstests oder Persönlichkeitstests zur Einschätzung von Personen verwendet werden.

5) Audit
Ein Audit untersucht, ob Prozesse, Anforderungen und Richtlinien die geforderten Standards erfüllen. Ein solches Untersuchungsverfahren erfolgt häufig im Rahmen der Überprüfung eines Qualitätsmanagementsystems.

6) Zug um Zug

Zug um Zug bezeichnet im deutschen Schuldrecht die Leistung, dass der Schuldner dem Gläubiger nicht unbedingt verpflichtet ist, sondern der gegen ihn gerichtete Anspruch seinerseits von einer Leistung des Gläubigers abhängig ist. Bei einer Zug-um-Zug-Leistung sind Gläubiger und Schuldner eines Schuldverhältnisses jeweils nur dann zur Leistungserbringung verpflichtet, wenn auch die Gegenseite das Erforderliche getan, also beispielsweise ihre Leistung angeboten bzw. erbracht hat. Sinn und Zweck der Verpflichtung Zug um Zug besteht darin, dem einen am Güteraustausch Beteiligten einen Schutz davor zu gewähren, dass er seine Leistung erbringt, aber die Leistung des anderen nicht gleichzeitig erhält. (Wikipedia 1/2019)

Siehe auch Bürgerliches Gesetzbuch, Buch 2 – Recht der Schuldverhältnisse (§§ 241 - 853), Abschnitt 3 – Schuldverhältnisse aus Verträgen (§§ 311 - 361), Titel 2 – Gegenseitiger Vertrag (§§ 320 - 327), z.B. § 322 Verurteilung zur Leistung Zug-um-Zug.

Informationen über die Autoren

Hermann Butting

 geboren im Jahr 1964, seit 1989 verheiratet mit Heike; sie haben drei Kinder. Seit dem Jahr 2000 ist er verantwortlicher geschäftsführender Gesellschafter der BUTTING-Unternehmensgruppe. In siebter Generation führt er das Familienunternehmen als Alleingesellschafter. Der gebürtige Knesebecker und graduierte technisch orientierte Diplom-Kaufmann absolvierte nach Berufserfahrung in anderen Unternehmen eine Zusatzausbildung zum Schweißfachingenieur. Später, nach Erfahrungen im eigenen Unternehmen, qualifizierte er sich bei xpand weiter zum Personal Coach.

Aufgewachsen ist Hermann Butting in der evangelisch-lutherischen Kirche. Seine Eltern waren beide zu unterschiedlichen Zeiten im Kirchenvorstand. In seiner Ortsgemeinde hat er im Posaunenchor Tenorposaune gespielt und wurde auch dort konfirmiert. Hermann Butting: „Als junger Erwachsener, mit Anfang zwanzig, habe ich mich noch einmal bewusst für eine Nachfolge Jesu entschieden. Im Laufe der letzten dreißig Jahre hatte ich die Chance, sehr viele unterschiedliche Kirchengemeinden mit unterschiedlichster Prägung kennenzulernen, nicht nur in Deutschland. Zudem habe ich nationale und internationale, von unterschiedlichen Konfessionen organisierte Konferenzen besucht." In Gifhorn geht Hermann Butting in die Friedenskirche, eine freie evangelische Gemeinde. In seiner Freizeit liebt er Westernreiten, Kanadier-Fahren und andere Aktivitäten in der Natur, das Hörbuch „Herr der Ringe" sowie Musik von Bach, Mozart, Beach Boys, Jon Thurlow und Zane Williams.

Sie erreichen Herrn Butting unter schätze.teilen@butting.de.

Dr. Ulrich Albrecht-Früh

geboren 1964, ist verheiratet mit Angelika, Vater von vier Kindern, und lebt in Krefeld. Sein beruflicher Werdegang beinhaltet sowohl die Ausbildung zum Kupferschmied als auch die Leitung internationaler Forschungskooperationen. Von 2006 bis 2011 war er als CEO für ThyssenKrupp für den Aufbau des Edelstahlwerkes in Alabama sowie für das NAFTA-Geschäft verantwortlich. 2011 wurde er in den Bereichsvorstand der ThyssenKrupp Stainless berufen. Seit 2014 unterstützt er als Berater unterschiedlichste Unternehmen in strategischen und kulturellen Transformationsprozessen. Seit 2015 ist er Mitglied im Beirat der BUTTING-Gruppe.

Dr. Holger Klose

geboren 1966. Studium der Rechtswissenschaften in Würzburg und Berlin, anschließend Referendariat. Danach wissenschaftlicher Mitarbeiter an der Universität Marburg und Promotion im Gesellschaftsrecht. Seit 1998 Rechtsanwalt und seit 2009 Notar in Hannover. Ehrenamtliche Tätigkeit in der Evangelischen Kirche. Verheiratet und zwei erwachsene Kinder. Seit 2008 ist er Mitglied im Beirat der BUTTING-Gruppe, seit 2015 dessen Vorsitzender.

Susanne Kunschert

geboren 1970 in Ostfildern, ist verheiratet und hat einen Sohn. Sie studierte Betriebswirtschaft an der Universität in Regensburg. Zunächst arbeitete sie bei der Firma Dürr in den USA und England und im Anschluss daran als Wirtschaftsprüfungsassistentin bei der Firma Ernst & Young in Stuttgart-Weilimdorf. Seit 2002 ist sie geschäftsführende Gesellschafterin der Pilz GmbH & Co. KG, wo sie für die Bereiche Personal, Finanzen/Controlling, Vertrieb International, Marketing und Customer Support sowie Produktmanagement verantwortlich ist.

Joachim Loh

 ist 75 Jahre alt, hat 3 erwachsene Kinder und 7 Enkel. Als Unternehmer hat er seine Firmen und alle Verantwortung erfolgreich an die nächste Generation weitergegeben. Er ist ein ehrenamtlich engagierter Christ, der international in verschiedenen christlichen Organisationen verantwortlich mitgearbeitet hat, auch lokal in seiner Kirchengemeinde. Er berät persönlich Jungunternehmer und in Aufsichtsgremien Firmen und hat unter anderem 8 Jahre im Beirat von Hermann Butting mitgewirkt.

Marianne Schütze

 studierte Industriedesign und erwarb ihren Master in Business und Administration an der WU Executive Academy, Wirtschaftsuniversität Wien. Ihre berufliche Laufbahn begann sie als Beraterin für verschiedene Branchen, zuletzt in der Automobilbranche, bevor sie nun seit 2014 den deutschen Markt für eine private Fluggesellschaft betreut. Im Lutherjahr 2017 veröffentlichte sie ihr erstes Buch „22 x 8 Verse für dein Leben – Psalm 119 in Bildern" (siehe www.psalmart.com).

Außerdem liebt sie es zu musizieren, zu laufen, zu tanzen und die Bibel zu studieren. Sie lebt seit 2014 in Oberursel bei Frankfurt am Main.

Niklas Stumpp

 geboren 1997 in Gifhorn. Liebt Wassersport, Gitarrenmusik, Songwriting, Kochen, Genussvolles, Abenteuer und die Natur. Abitur 2015; anschließend zweijähriges theologisches Seminar an der Bethel School of Supernatural Ministry in Redding, Kalifornien. Zurzeit Student in International Business an der TH Nürnberg. Niklas träumt davon, wie man die Welt verändern könnte …

Ursula und Dr. Hans Martin Weiffenbach

  sind seit 1980 glücklich verheiratet. Sie haben drei erwachsene Kinder und vier Enkelkinder. Sie gehören zu einer evangelischen Freikirche (Doxa Deo Stuttgart) und engagieren sich in der Freien Evangelischen Schule Stuttgart.

Ursula Weiffenbach hat Erziehungswissenschaft studiert. Allerdings hat sie nach einer kurzen Zeit der Berufstätigkeit zunächst bewusst und mit Überzeugung ihre Rolle als Familienfrau in Vollzeit eingenommen. Später folgte eine Weiterbildung in Systemischer Familientherapie. Heute arbeitet sie in eigener Praxis in Stuttgart-Möhringen mit Schwerpunkt Familien- und Paarberatung.

Dr. Hans Martin Weiffenbach ist niedergelassener Zahnarzt in Stuttgart-Möhringen und erlebt seinen Beruf als Berufung.

Du tust mir kund den Weg des Lebens;
Staunen und Lebensfreude erlebe ich
in deiner Gemeinschaft;
aus deiner Hand kommt immer
fortwährendes Glück!
nach Psalm 16,11